Bewegungsspiele in Englisch

für Klassenraum und Turnhalle

Birgit Gegier

Verlag an der Ruhr

Kids' Corner
Bewegungsspiele in Englisch

Autorin: Birgit Gegier
Illustrationen: Tanja Schmidt, Florian Metz
Druck: Druckerei Nolte, Iserlohn

Verlag an der Ruhr
Alexanderstraße 54 – 45472 Mülheim an der Ruhr
Postfach 10 22 51 – 45422 Mülheim an der Ruhr
Tel.: 0208/439 54 50 – Fax: 0208/439 54 39
E-Mail: info@verlagruhr.de
www.verlagruhr.de

© **Verlag an der Ruhr 2004**
ISBN 3-86072-896-2

geeignet für die Klasse **1 2 3 4 5 6**

Die Schreibweise der Texte folgt der reformierten Rechtschreibung.

Alle Vervielfältigungsrechte außerhalb der durch die Gesetzgebung eng gesteckten Grenzen (z.B. für das Fotokopieren) liegen beim Verlag. Der Verlag untersagt ausdrücklich das Speichern und Zur-Verfügung-Stellen dieses Buches oder einzelner Teile davon im Intranet, Internet oder sonstigen elektronischen Medien. Kein Verleih.

Inhaltsverzeichnis

6–8	Vorwort

10-Minute Activities

10	Four Corners
11	Bodybuilder
12	Don't Catch the Animal
13	Monkeys, Fish and Birds
14	Fruit Salad
15	Please, Mr. Crocodile
16	Ski Race
17	Hopscotch
18	What Time is It, Mr. Wolf?
19	Sounds – Listen and React
20	Wizard, Wizard, May I Come?

30 Minutes and More

22	Word Balancing
23	Little Mouse
24	Red Ball, Blue Ball
25	Dribbling the Ball
26	Bowling
27	Play the Ball Against the Wall
28	Body-Painting
29	Let's Play the Ball (1)
30	Sliding
31	Let's Play the Ball (2)
32	Move and Read
33	Treasure Island
34	What's It Like?
35	Roundabout
36	Whispering Game

Rhymes and Songs

38	Two Little Feet – One Bear
39	Five Little Monkeys
40	Let's Go to the Zoo
41	Sleeping Shepherd
42	Clap your Hands
43	Skipping Rhyme (1)
44	Skipping Rhyme (2)
45	Skipping Rhyme (3)
46	Down by the Station
47	Round the Mulberry Bush
48	Oranges and Lemons
49	Looby Loo
50	Three Blind Mice

Relaxation Exercises

52	Close your Eyes and Act
53	Feel It and Say It
54	Touch Me
55	Holiday Feelings
56	Wind the Bobbin Up
57	Leg-Writing
58	Let's Make a Pizza
59	Incey Wincey Spider
60	Feelings
61	Listen to the Steps
62	Toe-Taking

Anhang

64-66	Lieder
67	Satzkarten
68-74	Bildkarten "Clothes"
75-81	Bildkarten "Furniture"
82-90	Bildkarten "Animals"
91-96	Bildkarten "Things for School"
97-101	Wörterlisten

102	Literatur- und Internettipps

Vorwort

Warum soll ich im Sportunterricht englisch sprechen?

Ziel des modernen Grundschulenglischunterrichts ist es, auf kindgemäße, spielerische und handlungsorientierte Weise bei den Kindern Sprachkompetenz aufzubauen.
Die Kinder sollen erleben, dass Sprachen die Kommunikation mit anderen erst möglich machen. Wird Fremdsprachenlernen in anderen Fächern durchgeführt, so wird es nach und nach zum ganz natürlichen Medium der Interaktion. Für Ihre Kinder wird also die Sprache Englisch etwas ganz Selbstverständliches.

Welche Vorteile hat es, den Englischunterricht mit Sport zu verknüpfen?

Ein Vorteil besteht darin, dass im Sportunterricht die Bewegung im Mittelpunkt steht. Vieles von dem, was vermittelt werden soll, können die Kinder durch die **Beobachtung** verstehen. So ist der inhaltliche Anspruch, der über die Sprache transportiert werden soll, geringer und es kann auch mit weniger kommunikativer Kompetenz seitens der Kinder erfolgreich unterrichtet werden.
Wenn Sie den Englischunterricht mit Bewegungsspielen verknüpfen, kommen Sie zudem der Forderung nach **mehr Bewegung im gesamten Unterricht** nach.
Ob in der Turnhalle, auf dem Pausenhof oder im Klassenzimmer, die Kinder können über **körperliche, sinnliche** und **soziale Erfahrungen** spielerisch kognitive Kompetenzen erwerben.
Eines der wichtigsten Argumente für die Verknüpfung von Sprachenlernen und Bewegung liegt darin, dass **Lernen durch Bewegung positiv beeinflusst** werden kann. So hält der Hirnforscher Prof. Dr. Spitzer fest: „Die Erkenntnisse der Gehirnforschung lassen den Schluss zu, dass die Verknüpfung von Lernen und Bewegung in beide Richtungen, d.h. sowohl im Sinne einer verbesserten Nachhaltigkeit des Gelernten als auch im Sinne einer nachhaltigeren Verankerung der Bewegungsförderung, an Schulen wirken kann. Die simultane Koppelung von auditiven, visuellen und kinästhetischen Reizen wirkt ganzheitlich und bildet Voraussetzungen für lang anhaltende Lernerfolge." (Spitzer, Move to learn – Die Konzeption, Ulm 2003).
Lernen mit Bewegung ermöglicht es, die verschiedenen Sinne der Kinder anzusprechen und sie auf **verschiedenen Lernebenen** zu erreichen. Jedes Kind lernt schließlich anders. Ich habe die Erfahrung gemacht, dass der Bewegungsrhythmus den Sprachrhythmus unterstützt und die Kinder über Bewegungen Texte, Satzstrukturen und sprachliche Regelmäßigkeiten besser erfassen und be-greifen.
Ein besonderes Augenmerk habe ich auf die **Entspannungsübungen** gelegt: Bewegungsgeschichten, sinnliche Übungen zur Körperwahrnehmung, Elemente aus fernöstlichen Bewegungs- und Entspannungslehren, die ich hier als "Relaxation exercises" zusammengefasst habe, helfen den Kindern, zur Ruhe zu kommen, zu entspannen und sich wohl zu fühlen.

Vorwort

So können Sie vorgehen

Je nach dem Lernstand Ihrer Kinder können Sie

1. die Übungen nach der **Bewegungsintention** (Aktivierung, Koordination, Spiel, Ballschulung ...) oder
2. nach dem **Thema** Ihres Englischunterrichts (body parts, colours, animals, pronunciation, a new rhyme or story ...) auswählen.

Die Angaben der **Klassenstufen** helfen Ihnen dabei, den **Schwierigkeitsgrad** auf die individuellen Voraussetzungen Ihrer Klasse abzustimmen.
Achten Sie darauf, dass Sie alle Übungen und Spiele **komplett** in der englischen Sprache einfach und kindgerecht erklären und durchführen.
Aus diesem Grund sind zu jeder Übung mögliche **Einleitungssätze** oder **Erklärungsformulierungen** angegeben, die Sie nach Belieben ergänzen können.
So können die Kinder ganz in die englische Sprache eintauchen.
Mit dieser Vorgehensweise greifen Sie auf das **Didaktische Prinzip des „Total Physical Response"** zurück (kurz TPR), das von Dr. J. Asher in mehr als 30 Forschungsjahren entwickelt wurde. Da die Kinder in den ersten Lernjahren nach der **Verstehensmethode** unterrichtet werden sollen, besteht Ihre Aufgabe als Lehrkraft zunächst darin, den Kindern viel Sprache in einem interessanten situativen Kontext anzubieten und dabei das Hörverstehen zu schulen, ohne die Kinder zum Sprechen zu nötigen. Sie geben den Kindern **sprachliche Impulse**, die sie zum **Handeln** anregen. Über die **Beobachtung** und das **Interpretieren** der körperlichen Reaktionen des Kindes erfahren Sie dann, ob die Kinder Sie verstanden haben. Bleibt ein Kind z.B. nach dem sprachlichen Impuls "Touch your nose and bend your knee" stocksteif stehen oder berührt statt der Nase sein Ohr, wird Ihnen schnell klar sein, dass es Ihren Impuls nicht verstanden hat.
Auch die Kinder benutzen zum Sprachverständnis nonverbale Strategien: Sie beobachten Sie als Lehrkraft. Gelingt es Ihnen, Ihr Gesagtes ausdrucksstark mit eindeutiger **Mimik**, **Gestik** und Ihrer **ganzen Körperlichkeit** zu unterstreichen, verknüpft das Kind optische und akustische Wahrnehmung: Es versteht gewissermaßen mit „Kopf, Händen und Füßen". Im **Sprachhandeln** und in der **versprachlichten Bewegung** liegt also der Schlüssel zum Verstehen.

Wie ist das Buch aufgebaut?

Das Übungsangebot umfasst **fünf** verschiedene **Kapitel:**

1. **10-Minute Activities**
   Hier finden Sie kleine Spiele in überschaubaren Situationen, die Sie als Stundeneinstieg, zur Auflockerung oder zur Pausengestaltung einsetzen können.

Vorwort

2. **30 Minutes and More**
   Dies sind stunden- oder sequenzfüllende Angebote.
   Die Kinder entwickeln Bewegungsgeschicklichkeit ohne Geräte,
   in Bewegungslandschaften, an Gerätekombinationen oder mit Kleingeräten.
   Sie müssen dazu nicht extra bestimmte Sportgeräte anschaffen. Das Angebot
   der Schulsporthalle reicht völlig aus, da es sich bei den Geräteangaben lediglich
   um Vorschläge handelt, die individuell veränderbar sind.

3. **Rhymes and Songs**
   Die meisten Lieder und Reime sind traditionell und
   werden in dieser oder ähnlicher Form auch von englischen Kindern gerne
   gesungen, gesprochen und mit Bewegung verknüpft. Ihre Kinder
   lernen auf diese Weise typische Spiele, Lieder und Reime der
   englischsprachigen Kultur kennen.

4. **Relaxation Exercises**
   Bewegungsgeschichten, sinnliche Übungen zur Körperwahrnehmung, Konzentrations- und Entspannungsübungen helfen den
   Kindern nach Unterrichtseinheiten mit hoher Aktivität wieder zur Ruhe zu
   kommen. Dabei spielen Entspannungstechniken fernöstlichen Ursprungs eine
   wesentliche Rolle. Harmonische ruhige Bewegungsfolgen helfen, die verloren-
   gegangene geistige und körperliche Balance wieder herzustellen (Mentale
   Balance).

5. **Anhang**
   Hier finden Sie die **Noten** zu den Liedern aus dem 3. Kapitel.
   Zudem eine exemplarische Auswahl an **Bildkarten** und **Wörterlisten** zu den
   angesprochenen Themenbereichen. Nehmen Sie die hier vorgeschlagenen
   Wörter aus der Wörterliste zur Hilfe, um passend zum Bildmaterial Wortkarten
   herzustellen. Da es sich hier nur um eine exemplarische Auswahl an Bild- und
   Wortmaterialien handelt, empfiehlt es sich, im Laufe des Unterrichts oder je
   nach Thema Bilder- oder Wortkarten zu sammeln und das Material so nach und
   nach zu ergänzen. Kopieren Sie die Vorlage der **Satzkarten** (Märchen Dornrös-
   chen). Das Märchen ist bereits in Sinnabschnitte unterteilt. Schneiden Sie die
   Streifen aus und stellen Sie den Kindern passendes Bildmaterial zur Verfügung.
   Um die Materialien haltbarer zu machen, können Sie sie nach Bedarf vergrö-
   ßern und laminieren.

**Ich wünsche Ihnen und Ihren Kindern viel Spaß beim Bewegen, Spielen und
Sporttreiben – but in English, please!**

10-Minute Activities

Four Corners

Thema: rooms and furniture, food, ...
Klassenstufe: 3–6
Intention: Aktivierung, Reaktionsschulung
Sie brauchen: Wortkarten
Ort: Turnhalle, Klassenraum

So geht's:

Die Kinder sitzen in der Mitte des Raumes. In jeder der vier Ecken des Raumes hängt eine Wortkarte an der Wand ("bedroom", "living room", "kitchen", "bathroom"). Nun zeigen Sie den Kindern eine Wortkarte aus dem Themenbereich "furniture" und formulieren dazu richtige bzw. falsche Aussagen. Bei der richtigen Aussage ("right") laufen die Kinder in die entsprechende Ecke. Bei einer Falschaussage ("wrong") bleiben sie in Hockstellung in der Mitte des Raumes sitzen.

So sagen Sie's:

○ *The armchair is in the living room.*   (Die Kinder laufen in die Ecke mit dem Schild "living room".)

○ *The fridge is in the kitchen.*   (Die Kinder laufen in die Ecke mit dem Schild "kitchen".)

○ *The toilet is in the bedroom.*   (Die Kinder bleiben in der Mitte des Raumes gehockt sitzen.)

Variante:

Legen Sie zuvor eine bestimmte Bewegungsform fest, mit der die Kinder in die Ecke gelangen. Bei "wrong" machen alle Kinder eine mit Ihnen vereinbarte Bewegungsform.

Das Spiel ist jedem anderen Themenkreis zuzuordnen: "clothes" (*My T-shirt is white; My shoes are black; I wear my scarf in summer ...*).

Bodybuilder

Thema: furniture, animals ...
Klassenstufe: 3–6
Intention: Aktivierung, Gleichgewichtsschulung
Sie brauchen: Wortkarten zu Ihrem Themenbereich
Ort: Turnhalle, Klassenraum

So geht's:

Sie halten Wortkarten z.B. zum Thema "furniture" bereit, die Sie nur einer kleinen Gruppe (je nach Aufgabe sind es zwei bis vier Kinder) zeigen. Nun bauen die Kinder mit ihren eigenen Körpern den Begriff ("chair", "table"...) nach. Die anderen Kinder versuchen die dargestellte Figur zu erraten. Wer sie als erstes erraten hat, darf der nächste „Bodybuilder" sein und weitere Kinder dazubestimmen.

Variante:

Alle Kinder bewegen sich nach Musik im Raum. Nach einer Weile schalten Sie die Musik ab und zeigen allen eine beliebige Wortkarte. Alle Kinder bauen nun die gewünschte Figur nach (allein, mit einem oder mehreren Partnern).

So sagen Sie's:

○ *Let's build furniture with our bodies.*
○ *Which furniture do you know?*
  (chair, table, cupboard, bed, sofa ...)
○ *Please form groups of up to (two/three/four).*
○ *Look at my word cards! Can you do it?*

Don't Catch the Animal

Thema: animals
Klassenstufe: 2–6
Intention: Aktivierung, Reaktionsschulung

Sie brauchen: –
Ort: Turnhalle

So geht's:

Ein Kind ist der Fänger. Es versucht innerhalb einer bestimmten Spielfläche ein anderes Kind abzuschlagen, das dann zum Fänger wird. Die Kinder können sich retten, indem sie laut einen Tiernamen rufen z.B. "cat", "mouse", "spider", "cow" etc. Zur Erschwerung kann der Wortkreis eingeschränkt werden, z.B. auf "pets", "farm animals", "zoo animals". Die Spielregeln sind auf jede andere Wortschatzgruppe übertragbar.

So sagen Sie's:

○ Let's play: Don't catch the animal.
○ Who wants to catch the others?
○ You'll be safe if you sit down and call an animal's name such as dog, cat ... and so on.
○ Which animals do you know?
○ Do you know any other animals?
○ Let's start.

Monkeys, Fish and Birds

Thema:	animals, Present Progressive
Klassenstufe:	1–6
Intention:	Reaktionsschulung, Aktivierung
Sie brauchen:	Musik
Ort:	Turnhalle

So geht's:

Bei diesem Reaktionsspiel geht es darum, auf bestimmte Anweisungen richtig und schnell zu reagieren. Die Kinder bewegen sich frei im Raum (auch mit Musik). Nach einem akustischen Signal geben Sie eine der folgenden Anweisungen:
"Monkeys are climbing on trees." (auf Sprossenwände u.a. hochklettern)
"Fish are swimming in the water." (flach auf den Boden legen)
"Spiders are crawling." (in die Ecken krabbeln)
"Flamingos are sleeping." (auf einem Bein stehen)
Jeweils das langsamste Kind setzt eine Runde aus.

Variante:

Wer aussetzen muss, schlüpft in die Rolle des Spielleiters und ruft die nächste Anweisung.

So sagen Sie's:

○ Listen to my orders and follow them.
○ Monkeys are climbing on trees. ⇨ Climb up the stairs.
○ Fish are swimming in the water. ⇨ Lie flat on the floor.
○ Spiders are crawling. ⇨ Crawl to the corner.
○ Flamingos are sleeping. ⇨ Stand on one foot.
○ If you are the last, you miss a turn.

Fruit Salad

Thema:	food (fruit: apple, banana, strawberry, cherry, orange, lemon, ...)
Klassenstufe:	2–6
Intention:	Aktivierung, Reaktionsschulung
Sie brauchen:	–
Ort:	Klassenraum, Turnhalle

 So geht's:

Die Kinder stellen sich im Kreis auf. Jedes Kind erhält einen Namen einer Frucht. Nun geben Sie die Anweisung: "Apples change places!"
Alle „Apfel-Kinder" tauschen ihre Plätze. Sagen Sie aber "Fruit salad", so tauschen alle ihre Plätze. Später kann auch ein Kind der Spielleiter sein.

 So sagen Sie's:

○ Please form a circle.
○ When you hear your fruit name, change places.
○ Apples, cherries, strawberries, lemons, oranges, bananas, ... change places!
○ Fruit salad – change places!

 Dieses Spiel ist für jeden beliebigen Themenkreis verwendbar. Der Spielleiter muss sich dabei am jeweiligen Oberbegriff orientieren.

Please, Mr. Crocodile

Thema: colours, clothes
Intention: Aktivierung, Reaktionsschulung
Klassenstufe: 1–6
Sie brauchen : –
Ort: Turnhalle

So geht's:

Dieses Spiel wird traditionell gern in England gespielt.
Die Kinder stehen an der Grundlinie des Spielfeldes. Ihnen gegenüber steht der freiwillige Fänger „Mr. Crocodile". Nun sprechen die Kinder ihren Satz gemeinsam. Gibt der Fänger die Erlaubnis, zur anderen Seite zu gehen, indem er die Farbe der Kleidung vorschreibt, können alle mit der entsprechenden Farbe gemütlich zur anderen Seite wechseln.
Kinder, deren Kleidung andere Farben haben, bringen sich rennend in Sicherheit, denn „Mr. Crocodile" wird sie sonst versuchen zu fangen. Wer gefangen wurde, hilft seinem „Mr. Crocodile".

Variante:

Die Kinder erfinden weitere Fortbewegungsarten.

So sagen Sie's:

- We need Mr. Crocodile.
- He is going to catch you.
- You've got to wear the colour he is asking for!

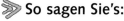

Kinder: Please, Mr. Crocodile, may I cross the water to visit your lovely daughter?

Mr. Crocodile: Yes, if you're wearing something blue/... black/... white.

Ski Race

Thema: clothes, sports
Klassenstufe: 3–6
Intention: Aktivierung, Reaktionsschulung
Sie brauchen: –
Ort: Klassenraum, Turnhalle

≫ So geht's:

Die Kinder stehen bewegungsbereit im Kreis oder als Gruppe im Klassenzimmer oder in der Turnhalle. Sie erzählen die Bewegungsgeschichte. Die Kinder führen alle Bewegungen begleitend aus.

≫ So sagen Sie's:

○ *It's winter and there is a lot of snow outside. Let's go skiing today!*
○ *Listen to my story:*

*Today is our famous ski race. It is very cold outside,
so we put on our pants and our jackets.
We don't forget our socks and our boots, our cap,
our gloves and our glasses.
What about the skis? Are they o.k.? Let's check them.
Now we put them on.
Take your sticks and let's glide to the skiing ground.
Up the hill we go. Now we check the track.
Come on – ready – steady – go. Speed up!
Turn right, turn left, turn right, turn left.
Bend your knees!
Watch the stone!
Speed up again.
Right, left, right, left, – jump –
Watch the tree!
Uuuuh, straight on we go – speed up again.
Yes, well done. We did it!
Everyone is a winner!*

Hopscotch

Thema: numbers, days of the week, months
Klassenstufe: 1–6
Intention: Gleichgewichts- und Rhythmusschulung, Konzentrationstraining
Sie brauchen: Kreide
Ort: Pausenhof

10-Minute Activities

 So geht's:

Dieses traditionelle Spiel eignet sich besonders für aktive Pausen im Pausenhofgelände. Die Kinder bilden Gruppen zu vier bis fünf Kindern. Mit Kreide zeichnen sie selbst das „Himmel- und Höllefeld" auf den Boden und füllen die Felder mit Zahlen oder Wörtern z.B. "Monday", "Tuesday", "Wednesday" usw. Auch andere Wortreihen können hineingeschrieben werden. Nun versucht jedes Kind die Wortreihe abzuhüpfen, ohne aus dem Feld zu treten oder die Reihenfolge zu missachten. Dabei wird laut das Wort gesprochen. Verschiedene Hüpftechniken sind möglich: einbeinig, beidbeinig, rückwärts etc.

 So sagen Sie's:

- *Please form groups of up to four (five).*
- *Take the chalk and draw a hopscotch.*
- *Fill in the names of the days.*
- *There are Monday, Tuesday, Wednesday, Thursday, Friday, Saturday, Sunday.*

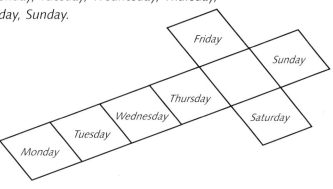

What Time is It, Mr. Wolf?

Thema: time
Klasenstufe: 2–6
Intention: Aktivierung, Reaktionsschulung
Sie brauchen: –
Ort: Turnhalle, Pausenhof

 So geht's:

Die Klasse stellt sich bei diesem traditionellen Spiel an einer Grundlinie der Sporthalle oder des Pausengeländes auf. Ein freiwilliges Kind (Fänger) steht an der anderen Grundlinie der Klasse gegenüber.

Nun fragt die Gruppe: "What time is it, Mr. Wolf?"
Fänger: "It's three o'clock." Die Gruppe geht drei Schritte vor.
Gruppe: "What time is it, Mr. Wolf?"
Fänger: "It's ten o'clock." Die Gruppe geht 10 Schritte vor.

Alle Zeitangaben sind möglich. Antwortet der Fänger jedoch: "Lunchtime!", so rettet sich die Klasse zurück zur Grundlinie, während „Mr. Wolf" versucht, die Mitschüler zu fangen.
Gefangene Kinder helfen nun „Mr. Wolf".

So sagen Sie's:
○ *Stand behind the line. Mr. Wolf is going to catch you.*
○ *Ask the time.*
○ *Mr. Wolf is going to catch you at "lunchtime"!*
○ *Run to the other side as fast as you can.*

Sounds – Listen and React

Thema: pronunciation practise
Klassenstufe: 2–6
Intention: Reaktionsschulung, Aktivierung, Lautdifferenzierung
Sie brauchen: –
Ort: Klassenraum, Turnhalle

 So geht's:

Bei diesem Reaktionsspiel soll die akustische Differenzierungsfähigkeit geschult werden. Sie bitten die Kinder, genau zuzuhören, welchen Laut sie hören. Folgende Lautgruppen bieten sich an:

1) th [θ] , **s** [s], **sch** [ʃ]   **2) w** [w], **v** [v], **f** [f]

Die Kinder bewegen sich frei im Raum. Nach einem akustischen Signal verharren sie kurz und aufmerksam. Nun sprechen Sie bestimmte Wörter einer Lautgruppe deutlich. Je nachdem, welchen Laut die Kinder in einem Wort hören, führen sie eine bestimmte Bewegung aus, die vorab verabredet wurde.

 So sagen Sie's:

○ *Listen carefully.*
○ *What do you hear?*
○ *Listen and react.*

th *(Thursday, thing, thousand ...)* ⇨ *Lie on your back, stretch your legs in the air.*
s *(snake, Sunday, cinema, ...)* ⇨ *Creep like a snake.*
sch *(sugar, shower, sheep, ...)* ⇨ *Balance on one foot.*

Wizard, Wizard, May I Come?

Thema:	Frage-Antwort-Struktur (you may/you may not), numbers
Klassenstufe:	1–6
Intention:	Aktivierung, Reaktionsschulung
Sie brauchen:	–
Ort:	Turnhalle

So geht's:

Die Kinder stehen an der Grundlinie des Spielfeldes. Ihnen gegenüber steht der freiwillige Fänger. Nun sprechen die Kinder ihren Satz gemeinsam. Gibt der Fänger die Erlaubnis zur Fortbewegung, so bewegen sich die Kinder ebenso wie der Fänger auf die von ihm vorgeschriebene Art:

z.B.
- "baby steps" (kleine Schrittchen)
- "giant steps" (Riesenschritte)
- "umbrella steps" (sich drehen beim Gehen)
- "grasshopper steps" (hüpfen wie ein Grashüpfer)
- "spider steps" (auf allen vieren rückwärts gehend)

Variante:

Die Kinder erfinden weitere Fortbewegungsarten.

So sagen Sie's:

○ We need a wizard.
○ You've got to ask him how to move.

Kinder: *Wizard, wizard, may I come?*
Fänger: *Yes, you may! No, you may not.*
Kinder: *How many steps?*
Fänger: *Five baby steps/Two... /Two giant steps and one umbrella step ...*

30 Minutes and More

Word Balancing

Thema:	furniture, clothes, animals …
Klassenstufe:	3–6
Intention:	Aktivierung, Reaktions- und Gleichgewichtsschulung
Sie brauchen:	Wortkarten und Bildkarten (S. 75–96), Geräte für eine Geschicklichkeitsbahn
Ort:	Turnhalle

 So geht's:

Die Kinder stellen sich in Riegen hinter einer Markierung auf. Neben jeder Riege liegt ein Stapel Wortkarten. Vor den Riegen ist eine kleine Geschicklichkeitsbahn aufgebaut: z.B. eine Bank zum Überlaufen, Kastenteile zum Durchkriechen usw. Am Ende der Bahn liegen passende Bildkarten auf dem Boden. Das jeweils erste Kind einer Riege läuft mit einer Wortkarte los, überwindet alle Hindernisse und sortiert seine Wortkarte der entsprechenden Bildkarte zu. Danach läuft es zurück. Das nächste Kind läuft los. Natürlich kann diese Spielform auch als Staffelwettbewerb durchgeführt werden.

 So sagen Sie's:

- Please queue in lines.
- Every group gets some word cards.
- Pass the course.
- You put your word card next to the picture card and return to your group.
- Ready, steady, go!

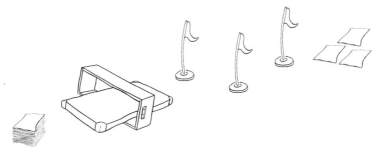

Little Mouse

Thema: animals, things for school, food
Klassenstufe: 3–6
Intention: Aktivierung, Kräftigung
Sie brauchen: Rollbretter, Matten, kleine Kästen, thematisch passende Wortkarten
Ort: Turnhalle

So geht's:

Die Kinder üben paarweise. Ein Kind liegt bäuchlings auf einem Rollbrett in Startposition. Am Ende der Laufbahn sind mit Hilfe von blauen Matten und zwei Kästen drei Tore als „Schlupflöcher" aufgebaut. Am Start legen Sie einen Stapel Wortkarten bereit. Der Partner nimmt eine Wortkarte vom Stapel und liest das Wort laut vor. Das Kind auf dem Rollbrett fährt nun durch das richtige „Tor" (Aufbau siehe Skizze).
Thematisch geeignet sind Wörter, die sich verschiedenen Oberbegriffen zuordnen lassen:

z.B. "pet shop" (dog, cat, mouse, hamster, guinea-pig ...)
       "farm"   (cow, cat, dog, pig, goose, duck, horse ...)
       "zoo"   (elephant, giraffe, seal, parrot ...)

So sagen Sie's:

○ *Please work with your partner.*
○ *Lie on the board.*
○ *Read the words on the word cards.*
○ *Where is the right hole?*

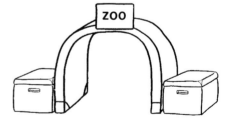

 Diese Übung lässt sich auch gut als Station für einen Stationenzirkel einsetzen.

Red Ball, Blue Ball

Thema:	things for school, food
Klassenstufe:	3–6
Intention:	Reaktionsschulung, Ballsicherheit
Sie brauchen:	Wortkarten, die zu Ihrem Thema passen, verschiedenfarbige Bälle, Korbball- oder Basketballständer, kleine Kästen, Schilder
Ort:	Turnhalle

So geht's:

Die Kinder stellen sich in Riegen auf. Vor jeder Riege steht ein umgedrehter Kasten mit farblich sortierten Bällen:
Gruppe 1 (blau), Gruppe 2 (rot), Gruppe 3 (gelb), Gruppe 4 (grün).
An der gegenüberliegenden Stirnseite sind drei Korbball- oder Basketballständer aufgebaut, an denen je ein Schild mit den Oberbegriffen ("School building", "School bag", "Pencil case") befestigt sind.
Nun rufen Sie als Spielleiter Fragen in den Raum:

"Where is my pencil?" (in the pencil case)
"Where is the teacher?" (in the school building)
"Where is your book?" (in the school bag)

Jeweils das erste Kind jeder Riege prellt mit seinem Ball zum richtigen „Antwort-Korb" und wirft ihn ein. Falsch eingeworfene Bälle können zum besseren Überblick nach jeder Einzelaufgabe aussortiert werden. Am Ende werden alle richtig eingeworfenen Bälle zusammengezählt.

So sagen Sie's:

- Let's form groups of up to five (six, …).
- Please queue behind your box of balls.
- Run, dribble and throw the ball in the right basket.
- Were you right?
- Who's got the most?

Dribbling the Ball

Thema: beliebig (z.B. animals)
Klassenstufe: 3–6
Intention: Aktivierung, Reaktionsschulung, Ballsicherheit trainieren
Sie brauchen: Bildkarten und Wortkarten (S. 68–96)
Ort: Turnhalle

30 Minutes and More

 So geht's:

Die Kinder stellen sich in Riegen auf. Neben jeder Riege liegt ein Stapel Wortkarten. Am Ende der Laufbahn sind Bildkarten ausgebreitet. Bei diesem Wettspiel (Staffeldribbling) wird eine Wortkarte aufgenommen, ein Ball eine Laufbahn entlang geprellt oder mit dem Fuß geführt. Am Ende der Laufbahn wird die Wortkarte der passenden Bildkarte zugeordnet und anschließend der Ball zurückgeprellt/zurückgedribbelt/zurückgerollt. Danach startet das nächste Kind.
Kann die Gruppe alle Bild- und Wortkarten richtig zuordnen?

 Variante:

Ein Slalom muss umlaufen werden.

 So sagen Sie's:

○ *Please queue in lines.*
○ *Let's play football/basketball ...*
○ *Which picture cards go with which word cards?*

Bewegungsspiele in Englisch

Bowling

Thema:	numbers, colours
Klassenstufe:	1–6
Intention:	Ballsicherheit und Geschicklichkeit trainieren
Sie brauchen:	Bälle, Kegel in verschiedenen Farben
Ort:	Turnhalle

 So geht's:

Es werden Gruppen bis zu fünf Kindern gebildet. Jeder Gruppe steht eine Spielbahn zur Verfügung. Am Ende der Bahn sind pro Gruppe zehn Kegel in verschiedenen Farben aufgestellt. Die Kinder versuchen ihren Ball so auf die Kegel zuzurollen, dass möglichst viele Kegel getroffen werden. Anschließend beginnen sie ihre Treffer zu zählen. Das Ergebnis wird notiert. Wer trifft die meisten Kegel?

 Variante:

Die verschiedenen Farben der Kegel ergeben eine unterschiedliche Punktzahl z.B. red: 2 points, blue: 3 points. Die Kinder rechnen laut.

So sagen Sie's:

○ *Please form groups of up to four (five).*
○ *Roll the ball. How many pins fall down? Count them!*

Kind 1: *I've got 3 red pins and 2 blue pins. 3 plus 2 equals 5 pins!*
Kind 2: *2 times 3 equals 6, 3 times 3 equals 9, 6 plus 9 equals 15.*
         I've got 15 points!

 Diese Übung lässt sich auch gut als Station für einen Stationenzirkel einsetzen.

Play the Ball Against the Wall

Thema: body parts, sounds
Klassenstufe: 1–6
Intention: Aktivierung, Reaktionsschulung
Ballsicherheit trainieren
Sie brauchen: Bälle
Ort: Turnhalle

So geht's:

Die Kinder spielen den Ball gegen die Wand, sprechen dabei und führen die im Reim gesprochenen Handlungen aus. Der Ball muss trotz der Bewegungen sicher wieder aufgefangen werden.

So sagen Sie's:

○ Now listen to my rhyme:

Let your hand do clap, clap, clap.	(3x klatschen)
Let your fingers snap, snap, snap.	(3x schnipsen)
Fold your arms	(Arme vor dem Körper kreuzen)
and shut your eyes,	(Augen kurz schließen)
catch the ball again.	

Variante:

O Now listen to my rhyme:

Twiddle your thumbs	(Hände falten, Däumchen drehen)
and clap your hands.	(2 x klatschen)
Stamp your feet, stamp, stamp.	(2 x stampfen)
Turn to the left,	(linksherum drehen)
turn to the right	(rechtsherum drehen)
and make your fingers meet.	(1x hinter dem Rücken klatschen)

Body-Painting

Thema:	body parts, imperative
Klassenstufe:	2–6
Intention:	Aktivierung, Reaktions- und Gleichgewichtsschulung
Sie brauchen:	–
Ort:	Turnhalle, Klassenraum

 So geht's:

Die Kinder arbeiten in kleinen Gruppen. Jeweils ein Kind ist der Spielleiter. Die anderen Kinder der Gruppe führen dessen Anweisungen aus. Beim ersten Mal sollten Sie beispielhaft eine Gruppe Freiwilliger einweisen. Das Ziel der Übung ist, ein witziges „Familienportrait" zu erstellen. Der „Maler" muss die Familie durch Anweisungen in die richtige Position bringen.

 So sagen Sie's:

○ Form groups of up to four (five). One of you is the painter. He tells you what to do.
○ (Lisa), please put your right hand on (Marc)'s shoulder. Touch his left knee with your right foot. Touch his left ear with your left hand.
○ Now it's your turn, (Tom): Please touch (Lisa)'s tummy with your left hand. Now tip your right toes on her left foot. Touch your own right knee with your right hand.
○ (Marc), put your little finger on (Tom)'s head and one hand on his back ...

Weitere Anweisungen ergeben sich aus der Situation.

 Diese Übung lässt sich auch gut als Station für einen Stationenzirkel einsetzen.

Let's Play the Ball (1)

Thema: word pairs
Klassenstufe: 2–6
Intention: Aktivierung, Reaktionsschulung, Ballsicherheit trainieren
Sie brauchen: Bälle
Ort: Turnhalle

 So geht's:

Die Kinder stehen sich paarweise gegenüber und spielen sich den Ball zu (Gassenaufstellung). Während das erste Kind dem zweiten Kind den Ball zuwirft, ruft es ein Wort (z.B. "black"). Das zweite Kind fängt den Ball und nennt das passende Wort zu black (z.B. "white").

Gegensätze:	man – woman, girl – boy, soft – hard, ...
Oberbegriffe:	garden – flower, petshop – budgie, ...
Lieder und Reime:	Incey Wincey Spider – climbed up the waterspout ...
Wordfelder:	toys – teddy bear, doll, toy car, ...

 Variante:

Der Ball wird nicht geworfen, sondern gerollt, mit dem Fuß gespielt etc.

 So sagen Sie's:

○ Form two lines.
○ Please work in pairs.
○ Can you throw/roll/kick the ball and speak?
○ Find matching words.

 Für leistungsschwächere Kinder können Sie gut sichtbar Bildkarten aushängen, die als Gedankenstütze dienen.

Sliding

Thema: word pairs, a rhyme, sentences
Klassenstufe: 2–6
Intention: Aktivierung, Reaktionsschulung
Sie brauchen: Sprossenwand, eine Langbank zum Rutschen, Matten, Softball
Ort: Turnhalle

So geht's:

Hängen Sie eine Langbank mit einem Ende in die Sprossenwand ein, sodass eine schräge Ebene entsteht. Sichern Sie die „Rutsche" mit Matten ab. Die Kinder üben paarweise. Ein Kind rutscht die Langbank hinunter. Der Partner wirft dem rutschenden Kind den Softball zu und ruft

a) ein Wort – Der Partner ergänzt das Wortpaar. Hier können auch Gegensätze genommen werden, z.B. man – woman, girl – boy, white – black, ...

b) den Anfang eines Satzes, der ergänzt werden muss.
z.B. The duck is – in the pond.   The weather is – warm.
I like tea – and milk.   My name is – Tom.

Für jede richtige Antwort gibt es einen Punkt. Entscheiden Sie dabei selbst, inwieweit Sie die Themenkreise vorgeben oder einschränken wollen.

So sagen Sie's:

○ *Please work with your partner.*
○ *Can you slide and catch the ball?*
○ *Which words belong together?*
○ *Do you know the answer?*
○ *React in the correct way!*
○ *Count your points.*

Diese Übung lässt sich auch gut als Station für einen Stationenzirkel einsetzen.

Let's Play the Ball (2)

Thema: body parts
Klassenstufe: 2–6
Intention: Aktivierung, Reaktionsschulung, Ballsicherheit trainieren
Sie brauchen: Softbälle
Ort: Turnhalle

So geht's:

Die Kinder stellen sich paarweise in zwei Reihen auf (Gassenaufstellung). Sie spielen sich den Ball paarweise zu. Der Werfer ruft beim Abwurf einen Körperteil: "hand", "foot", "knee", "shoulder", etc. Der Partner spielt den Ball mit dem betreffenden Körperteil zurück.

Variante:

Die Kinder stehen in Kreisaufstellung. In jedem Kreis sind sechs bis acht Kinder.

So sagen Sie's:

- Form two lines.
- Please work in pairs.
- Do you remember the parts of your body?
- Can you play the ball with every part of your body?

Move and Read

Thema:	storytelling
Klassenstufe:	3–6
Intention:	Reaktions-, Geschicklichkeitsschulung, Beweglichkeit, Kräftigung
Sie brauchen:	Satzkarten (S. 67), passende Bilder zur Geschichte, Turngeräte
Ort:	Turnhalle

 ### So geht's:

In der Sporthalle ist ein Bewegungszirkel mit etwa sechs bis acht Gerätestationen zum Balancieren, Klettern, Überspringen usw. aufgebaut. Ihrer Fantasie sind keine Grenzen gesetzt: Benutzen Sie Bänke, Barren, Matten, Ringe, Sprossenwände usw. Zwischen den Stationen legen Sie die Satzkarten, die zusammen eine kleine fortlaufende Geschichte ergeben, aus. Die Kinder bewegen sich in Kleingruppen durch die Halle. Immer wenn sie einen Teil der Geschichte gemeinsam gelesen haben, turnen sie über die Geräte zur Fortsetzung der Geschichte. Am Ende der Gerätebahn liegen für jede Kleingruppe Kopiervorlagen mit den entsprechenden Bildern zur Geschichte aus. In der Kleingruppe versuchen die Kinder, die Bilder zur Geschichte in die richtige Reihenfolge zu bringen. Zur Selbstkontrolle durchlaufen sie den Bewegungszirkel noch einmal. Abschließend erfolgt die Besprechung in der Klasse.

So sagen Sie's:

- Please form groups of up to three.
- Let's do the course and read the story.
- Do you remember it?
- Can you tell the story once more?
- Sort the pictures and put them in the right order.

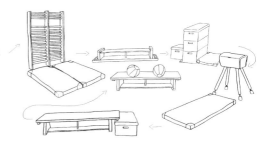

(Parcours-Beispiel)

Treasure Island

Thema: rhyme, storytelling
Klassenstufe: 3–6
Intention: Aktivierung, Kräftigung
Sie brauchen: Die Kopie eines Reimes oder Geschichtentextes (siehe S. 67), kleine Körbchen, Briefumschläge, Schatzkarte, Turngeräte
Ort: Turnhalle

So geht's:

Die Klasse gestaltet eine Gerätelandschaft zum Thema: Schatzinsel. Dafür geeignet sind alle Großgeräte, die zum Klettern, Balancieren, Schwingen usw. herausfordern. Sie haben bereits vorbereitend einen bekannten Reim oder eine kleine Geschichte für jede Gruppe unterschiedlich farbig kopiert und in mehrere Teile zerschnitten, in Briefumschläge gesteckt und sie auf der „Schatzinsel" versteckt. Jede Gruppe erhält nun einen Schatzkarte, in der der Weg und das Versteck eingezeichnet sind. Die Kinder durchlaufen die Gerätelandschaft in Gruppen, finden ihren „Schatz", bringen ihn auf demselben Weg zurück. Nun legen sie ihre Satzteile in der richtigen Reihenfolge aus und lesen ihr Ergebnis vor.

Varianten:

- Sie bieten nach Schwierigkeit differenzierte Texte an.
- Die Sinnabschnitte der Texte sind in mehreren Umschlägen verteilt und müssen nacheinander gefunden und zusammengesetzt werden.

So sagen Sie's:

- We are on an island. What's on my island? Let's create our own treasure island. What do we need?
- Look at my plan: This is a treasure island!
- Please form groups of up to four.
- I've hidden a treasure for every group. Can you find it?
- What's your story about?

What's It Like?

Thema:	adjectives (hard, soft, round, long, small, heavy, big, ...)
Klassenstufe:	3–6
Intention:	Sensibilisierung, Eigenschaften der Sportgeräte kennen lernen
Sie brauchen:	Wortkarten
Ort:	Turnhalle

 So geht's:

Sie legen den Kindern verschiedene Wortkarten z.B. "hard", "soft", "long", "small", "big", "heavy", "round" etc. vor und bitten sie, den Eigenschaften entsprechende Gegenstände aus einem vorgegeben Geräteangebot herauszusuchen. Z.B.:

long – Langbank
soft – Weichbodenmatte
round – Ball
hard – Reckstange ...

Nun dürfen die Kinder in Gruppen ihre Geräte so arrangieren, dass sie sich damit und darauf bewegen können.

 So sagen Sie's:

○ Look at all these things.
○ They can be hard or soft, long or short, small or big ...
○ Which one is hard?
○ Which one is big?
○ Which one is round? ...

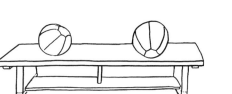

Roundabout

Thema:	beliebig
Klassenstufe:	1–6
Intention:	Kräftigung, Aktivierung
Sie brauchen:	Taue, Matten, Wort- und Bildkarten (S. 68–96)
Ort:	Turnhalle

 So geht's:

Die Kinder üben paarweise. Ein Kind hängt an einem Tau, das vom Partner eingedreht wird. Danach wird das Tau losgelassen. Der Partner hält Bildkarten oder Wortkarten hoch, die das Kind auf dem Tau in der Drehung zu erkennen versucht und laut nennt.

 So sagen Sie's:

- *Please work with your partner.*
- *Twist the rope.*
- *Show the word card (or picture card) to your friend.*
- *Can you read it?*
- *Please say it!*

 Diese Übung lässt sich auch gut als Station für einen Stationenzirkel einsetzen.

Whispering Game

Thema: beliebig
Klassenstufe: 1–6
Intention: Aktivierung, Reaktions- und Gleichgewichtsschulung
Sie brauchen: Bild- und Wortkarten zu Ihrem Thema (S. 68–96), Turngeräte
Ort: Turnhalle

≫ So geht's:

Bei diesem Spiel spielen die Kinder gegen Sie. In der Sporthalle ist ein Bewegungsparcours mit kleinen Hindernissen aufgebaut (kleine Kästen, Bänke, Slalomstangen oder Hütchen, Matten oder aber nur eine kurze Laufbahn, die zurückgelegt werden muss). Die Kinder stellen sich verteilt im Parcours auf. Zwischen jedem Kind ist ein kleines Hindernis oder eine Laufstrecke zu überbrücken. Sie reichen nun dem ersten Kind eine Bild- oder Wortkarte und flüstern ihm leise das richtige Wort deutlich ins Ohr. Das erste Kind überwindet die Abstandsstrecke, reicht die Bild- oder Wortkarte flüsternd an das nächste Kind weiter und läuft zur Ausgangsposition zurück, wo es eine weitere Bild- oder Wortkarte mit passendem Flüsterwort entgegennimmt. Je mehr Wörter im Umlauf sind, desto schwieriger wird es. Die Klasse gewinnt, wenn sie es schafft, alle Wörter richtig ausgesprochen zu Ihnen zurückzubringen. Für jedes falsch gesprochene Wort erhalten Sie einen Punkt. Der Reiz des Spiels liegt entgegen der „Flüsterpost" darin, wirklich deutlich die Wörter weiterzugeben und damit gegen den Lehrer zu gewinnen.

≫ So sagen Sie's:

○ I've got a picture card/word card.
○ I'm going to whisper the word into your ear.
○ You are going to whisper the word into your friend's ear.
○ He/She is going to whisper the word into …'s ear.
○ Can you pronounce it correctly?

Rhymes and Songs

Two Little Feet – One Bear
überliefert aus England

Thema:	body, animals
Klassenstufe:	1–6
Intention:	Aktivierung, Reaktionsschulung
Sie brauchen:	–
Ort:	Turnhalle, Pausenhof

So geht's:

Die Kinder stellen sich an der Grundlinie der Spielfläche auf. Ein Freiwilliger (Fänger) steht an der anderen Seite der Spielfläche mit dem Rücken zur Klasse. Die Gruppe spricht gemeinsam den Reim, begleitet von passenden Bewegungen. Beim Stichwort "bear" muss der Fänger so viele Kinder wie möglich fangen, die hinter die Grundlinie (Zielraum) oder zu einem vorab bestimmten Mal laufen sollen.

So sagen Sie's:

○ First, let's say the rhyme together.
○ One child is the "bear". The bear is catching the others.

Kinder:	Two little feet go tap, tap, tap.	(gehen)
	Two little hands go clap, clap, clap.	(in die Hände klatschen)
	Two little eyes see who's there!	(Hände als Fernglas an die Augen führen)
	Oh my goodness! It's a bear!	(schnell laufen)

Five Little Monkeys
überliefert aus England

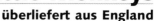

Thema:	zoo animals, past tense, being ill
Klassenstufe:	1–6
Intention:	Aktivierung, Koordinationsschulung
Sie brauchen:	Weichbodenmatte
Ort:	Turnhalle

 So geht's:

Fünf Kinder befinden sich auf einer Weichbodenmatte. Während sie ausgelassen auf der Matte hüpfen, spricht die Gruppe, die um die Matte herumsteht, den Reim. Jeweils ein Kind spielt die Rolle der Mutter. Ein weiteres Kind spielt den Doktor. Nach jedem Vers verlässt ein springendes Kind die Matte. Der Reim kann nun mit fünf anderen Kindern wiederholt werden.

 So sagen Sie's:

- Look at my big bed!
- We need five little monkeys, jumping on the bed.
- Mama calls the doctor.
- Who is going to start?
- Who is going to be the doctor?
- Let's do the rhyme together:

1. Five little monkeys jumping on the bed.
   One fell off and bumped its head.
   Mama called the doctor
   and the doctor said:
   No more little monkeys jumping on the bed.

2. Four little monkeys jumping on the bed ...
3. Three little monkeys ...
4. Two little monkeys ...
5. One little monkey ...

Let's Go to the Zoo

Thema: zoo animals
Klassenstufe: 1–6
Intention: Aktivierung, Koordinationsschulung
Sie brauchen: Bildkarten (S. 86–90)
Ort: Turnhalle, Klassenraum

 So geht's:

Die Kinder stellen sich in Reihen im Raum auf. Während sie den Refrain des Reimes sprechen, marschieren sie durch den Raum. Bringen Sie an verschiedenen Stellen im Raum Bildkarten von Zootieren an. Der daraus entstehende Dialog zwischen Ihnen als Spielleiter und der Klasse wird gespielt. Der Reim kann danach mit fünf anderen Kindern wiederholt werden.

 So sagen Sie's:

○ *Let's go to the zoo.*
○ *What animals are we looking at?*
○ *Please form groups of up to five.*
○ *Listen to my rhyme:*

Chorus:
Let's go, let's go, let's go to the zoo! Let's see, let's see, what they can do!

Lehrer: *We look at the (monkeys). What do the (monkeys) do?*

Kinder: *They (climb on trees). So do we!* (alle Kinder machen diese Aktivität nach)

 Weitere Tiere und deren Fortbewegungen:
snake: ⇨ creep; bear: ⇨ walk slowly; spider: ⇨ crawl

Sleeping Shepherd

Thema: farm, numbers
Klassenstufe: 2–6
Intention: Aktivierung, Reaktionsschulung
Sie brauchen: –
Ort: Turnhalle, Pausenhof

 So geht's:

Die Kinder stehen bei diesem traditionellen englischen Bewegungsspiel an der Grundlinie der Spielfläche. Ein freiwilliger Fänger sitzt mit dem Rücken zur Klasse an der anderen Grundlinie. Zunächst sprechen die Kinder und der Fänger den Reim abwechselnd als Dialog. Bei "Come along" dreht sich der Fänger zur Gruppe um, fängt so viele Kinder wie möglich und zählt sie dabei laut. Die gefangenen Kinder helfen nun dem Fänger.

 So sagen Sie's:

- Today we are on a farm.
- There are a lot of sheep.
- We need a shepherd.

Kinder: *Shepherd, shepherd, count your sheep.*

Fänger: *I can't come now, I'm fast asleep!*

Kinder: *If you don't come now, we'll all be gone!*
   So shepherd, shepherd.
   Come along!

Clap your Hands
überliefert aus England

Thema:	body parts
Klassenstufe:	2–6
Intention:	Aktivierung, Rhythmusschulung
Sie brauchen:	–
Ort:	Turnhalle

 So geht's:

Die Kinder stehen im Kreis. Während Sie den Reim im Rap-Rhythmus sprechen, unterstützen Sie ihn durch die Bewegungen. Die Kinder führen sie gleich mit aus. Danach können die Kinder den Reim selbst mitsprechen.

 So sagen Sie's:
- *My rhyme is called "Clap your hands".*
- *Let's do it together:*

Clap your hands, (Mit der rechten Hand auf das linke
clap your hands, Bein, mit der linken Hand auf das
clap them just like me. rechte Bein klatschen: Jede Silbe ist
ein "clap". Am Ende zweimal klatschen.)

Touch your shoulders, (mit rechter Hand zweimal auf die linke,
touch your shoulders, mit linker Hand zweimal auf rechte
Touch them just like me. Schulter klatschen)

Tap your knees, (rechtes Knie hochziehen – mit linker
tap your knees, Hand antippen – linkes Knie hoch-
tap them just like me. ziehen mit rechter Hand antippen)

Shake your head, (im Rhythmus den Kopf schütteln)
shake your head,
shake it just like me.

Clap your hands, (klatschen wie zu Beginn)
clap your hands.
Let them quiet be. (Hände auf den Bauch legen)

Skipping Rhyme (1)

Thema: food, body parts
Klassenstufen: 2–6
Intention: Aktivierung, Koordinationsschulung
Sie brauchen: Hüpfseile oder Hüpfgummis
Ort: Turnhalle, Pausenhof

 So geht's:

Die Kinder üben bei diesem traditionellen Reim mindestens in 4er-Gruppen. Jeweils zwei Kinder schwingen das Seil bzw. haben das Hüpfgummi um die Beine geschlungen. Bei den ersten Durchgängen sprechen Sie den Reim. Sind die Kinder sicher, sprechen sie den Reim selbst, wobei das springende Kind jeweils die zweite Zeile sprechen muss. Bei der letzten Zeile wechseln die springenden Kinder.

 So sagen Sie's:

○ *Please form groups of up to four (five, six).*
○ *Two children swing the rope. One child skips.*
○ *Now listen to my rhyme:*

I like milk and I like tea,
I want (name) in with me.

Jump up high and turn around,
touch your knees and touch the ground.

I don't like milk, I don't like tea,
I want (name) to change places with me.

Skipping Rhyme (2)

Thema: numbers, Present Progressive
Klassenstufe: 2–6
Intention: Aktivierung, Reaktions- und Rhythmusschulung, Ausdauertraining
Sie brauchen: langes Hüpfseil
Ort: Turnhalle, Pausenhof

 So geht's:

Die Kinder üben mindestens in 4er-Gruppen. Jeweils zwei Kinder schwingen das Seil. Bei den ersten Durchgängen sollten Sie den traditionellen Reim vorsprechen. Haben ihn die Kinder dann verinnerlicht, sprechen sie den Reim selbst. Im Verlauf der verschiedenen Verse kommt immer jeweils ein Kind in das schwingende Seil hinzu.

 So sagen Sie's:

○ *Please form groups of up to four (five, six).*
○ *Two children swing the rope. One child starts.*
○ *Now listen to my rhyme:*

1. *One little girl/ boy is sitting on the ground.*	(springendes Kind geht in die Hocke)
One little girl/boy is dancing round and round.	(½ Drehung während des Springens)
One little girl/boy is dancing here and there.	(einbeiniges Springen)
One little girl/boy is dancing everywhere.	(Kind verlässt das Seil oder springt normal weiter)

2. *Two little girls/boys are sitting on the ground ...*
3. *Three little girls/boys are sitting on the ground ...*
4. *Four little girls/boys are sitting on the ground ...*

Skipping Rhyme (3)

Thema: numbers, seasons, simple past
Klassenstufe: 2–6
Intention: Aktivierung, Reaktionsschulung, Ausdauertraining
Sie brauchen: Hüpfgummi
Ort: Turnhalle, Pausenhof

So geht's:

Die Kinder üben mindestens in 4er-Gruppen. Jeweils zwei Kinder haben das Hüpfgummi in Schrittstellung um die Beine geschlungen. Jeweils ein weiteres Kind hüpft eine kleine Übung. Gemeinsam wird der Reim gesprochen. Absolviert das Kind die Übung fehlerfrei, wird der „Hüpf-Schwierigkeitsgrad" erhöht, indem das Gummi in Kniehöhe angebracht wird.

So sagen Sie's:

○ Please form groups of up to four (five, six).
○ Two children have got the gum twister. One child starts.
○ Now listen to my rhyme:

1. Down by the ocean	(in die Mitte springen)
down by the sea	(herausspringen)
I went fishing	(mit Hilfe der Füße mit einem Gummiband das andere überkreuzen)
Daddy went with me.	(herausspringen)
How many fish did we catch?	(Pause)
One, two, three, … ,ten.	(an beiden Gummibändern abwechselnd springen)
2. There was a mother	(die Kinder können zu dieser Strophe
and two sons	selbst passende Übungen erfinden)
she had two daughters, too.	
Summer, autumn, winter, spring.	
And I am in – out are you.	

Down by the Station
traditionell

Thema:	traffic
Klassenstufe:	1–6
Intention:	Aktivierung, Rhythmusschulung
Sie brauchen:	Lied S. 64
Ort:	Turnhalle

 So geht's:

Die Kinder stehen im Kreis. Passend zum Liedtext bewegt sich die Gruppe als Zug durch den Raum und führt gemeinsam die Bewegungen aus. Natürlich lassen sich auch Hindernisse, die überklettert oder umlaufen werden müssen, einbauen.

So sagen Sie's:

- ○ *Let's form a train.*
- ○ *The train is down by the station.*
- ○ *You are the engine driver and pull the little handle "toot, toot".*
- ○ *Listen to my song:*

Down by the station,	(marschieren, Ellenbogen
early in the morning,	gebeugt, Arme bewegen sich
see the little puffer bellies	im Kreis)
all in a row,	
see the engine driver	(an einem imaginären Seil
pull the little handle.	ziehen)
Chug, chug, toot, toot!	
Off we go!	

Round the Mulberry Bush
traditionell

Thema:	activities of the day
Klassenstufe:	1–6
Intention:	Aktivierung, Rhythmusschulung
Sie brauchen:	Lied S. 64
Ort:	Turnhalle

So geht's:
Die Kinder stehen im Kreis. Beim Refrain gehen alle gemeinsam im Kreis. Nach dem Liedtext führen alle gemeinsam die Bewegungen aus.

So sagen Sie's:
○ *My song is called "Here we go round the mulberry bush".*
○ *Let's sing it together.*
○ *Listen to my song:*

Chorus:
*Here we go round the mulberry bush,
the mulberry bush, the mulberry bush.
Here we go round the mulberry bush
on a cold and frosty morning.*

1) *This is the way we wash our hands,
   wash our hands, wash our hands.
   This is the way we wash our hands
   on a cold and frosty morning.*
2) *This is the way we brush our hair ...*
3) *This is the way we clean our teeth ...*
4) *This is the way we put on our clothes ...*

Oranges and Lemons
basiert auf einem traditionellen Lied

Thema: shopping, questions
Klassenstufe: 2–6
Intention: Aktivierung
Sie brauchen: Lied S. 65
Ort: Turnhalle

 So geht's:

Zwei Kinder bilden ein Tor, indem sie sich an den Händen fassen. Eines der Kinder stellt die Zitrone, das andere die Orange dar. Nun gehen die Kinder in einer Reihe hintereinander im Kreis, immer durch das Tor. Alle singen gemeinsam, bei den letzten drei Zeilen gehen die Kinder zunehmend schneller. Bei "Chip-chop-chip-chop" senken die „Tor-Kinder" kurz die Arme. Bei "What do you want?" fangen sie das letzte Kind ein. Das eingefangene Kind flüstert nun leise "lemon" oder "orange" und darf sich hinter eines der beiden „Tor-Kinder" stellen. Wenn alle Kinder eingefangen worden sind, versuchen sich die Reihen gegenseitig über eine Linie zu ziehen (wie beim Tauziehen).

So sagen Sie's:

○ *My song is called "Oranges and Lemons".*
○ *Let's sing it together.*
○ *Go round and round.*
○ *Two children form an archway.*

Oranges and lemons, says the grocer of St. Clemens.
I've got you five pence, says the girl of St. Bens.
When will you pay me? says the grocer of Playmee.
When I grow rich, says the girl of St. Pitch.
When will that be? says the grocer of Stephaney.
I do not know, says the girl with a bow.
Here comes the candle to light you to bed.
And here is the hanky, because you are sad.
Chip-chop-chip-chop. What do you want?

Looby Loo
basiert auf einem traditionellen Lied

Thema:	body parts
Klassenstufe:	1–6
Intention:	Aktivierung, Koordinationsschulung
Sie brauchen:	Lied S. 66
Ort:	Turnhalle

So geht's:
Die Kinder stehen im Kreis. Passend zum Liedtext führen alle gemeinsam die Bewegungen aus. Beim Refrain fassen sich alle an den Händen und gehen im Kreis.

So sagen Sie's:
○ My song is called "Looby Loo".
○ Let's sing it together.
○ Listen to my song:

Chorus: (singen)
*Here we go Looby Loo,
here we go Looby Light.
Here we go Looby Loo,
all on a Saturday night.*

Verse: (Sprechgesang)
1) *Put your right hand in,
   put your right hand out.
   Let's shake, shake, shake
   and turn yourself about.*
2) *Put your left hand in ...*
3) *Put your right foot in ...*
4) *Put your left foot in ...*
5) *Put your whole self in ...*

Three Blind Mice
traditionell

Thema: animals, farm, past tense
Klassenstufe: 2–6
Intention: Aktivierung, Reaktions- und Rhythmusschulung
Sie brauchen: Lied S. 66, drei Augenbinden
Ort: Turnhalle

So geht's:
Bei diesem traditionellen Singspiel stehen die Kinder im Kreis. Drei „blinde Mäuse" (die Augen sind mit einem Tuch verbunden) stehen in der Mitte des Kreises Rücken an Rücken. Während sie singen, gehen die Kinder im Kreis. Wenn das Lied zu Ende ist, bleiben sie stehen und die drei Mäuse versuchen, jemanden aus dem Kreis zu fangen. Drei neue Kinder kommen nun in die Mitte.

So sagen Sie's:
- Please form a circle.
- I need three mice!
- Now you are blindfold.
- Listen to my song:

*Three blind mice, three blind mice,
see how they run, see how they run!
They all ran after the farmer's wife,
who cut off their tails with a carving knife.
Did you ever see such a thing in your life,
as three blind mice?*

Relaxation Exercises

Close your Eyes and Act

Thema: body parts, activities, imperatives
Klassenstufe: 2–6
Intention: Sensibilisierung, Entspannung
Sie brauchen: –
Ort: Klassenraum, Turnhalle

 So geht's:
Die Kinder stehen im Kreis und schließen die Augen. Sie oder ein Kind als Spielleiter stehen in der Mitte des Kreises und geben Anweisungen, die die Kinder mit geschlossenen Augen ausführen.

 So sagen Sie's:
- Please stand in a circle.
- Listen and act.
- Lift your right leg.
- Lift your arms.
- Move your left foot.
- Move your toes.
- Tip-toe and balance.
- Waggle your head.
- Shake your body ...

 Die Anweisungen sind beliebig ausbaufähig.

Feel It and Say It

Thema: body parts
Klassenstufe: 1–6
Intention: Sensibilisierung, Entspannung, Konzentrationsschulung
Sie brauchen: leichte Tücher
Ort: Turnhalle, Klassenraum

 So geht's:

Die Kinder gehen paarweise zusammen. Ein Kind setzt sich entspannt auf den Boden oder eine Matte und schließt die Augen. Das andere Kind berührt sanft mit einem leichten Tuch einen Körperteil des Partners. Der Partner benennt leise den Körperteil, an dem es die Berührung wahrgenommen hat.

 So sagen Sie's:

- *Please work with your partner.*
- *Touch your partner carefully.*
- *Where do you feel his/her touch?*
- *Name the part of your body.*

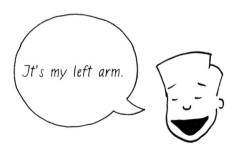

Touch Me

Thema: body parts, imperative
Klassenstufe: 2–6
Intention: Sensibilisierung, Entspannung
Sie brauchen: –
Ort: Turnhalle, Klassenraum

So geht's:

Die Kinder arbeiten zu zweit. Jeweils zwei Kinder stehen sich gegenüber. Ein Kind schließt die Augen und gibt Anweisungen. Das andere Kind führt die Anweisungen vorsichtig aus. Danach tauschen sie die Rollen.

So sagen Sie's:

○ *Please work in pairs.*
○ *One child closes his eyes.*
○ *You tell your partner what to do.*
Kind 1:
Touch my nose.
Touch my leg.
Touch my tummy/belly.
Touch my hair.
Touch my hand.
Touch three fingers ...

Variante:

Die Anweisungen können auch mit Hilfe der Wortkarten gegeben werden. Das erste Kind hält eine Wortkarte hoch, die das zweite Kind vorlesen und entsprechend ausführen muss.

Holiday Feelings

Thema:	body parts
Klassenstufe:	3–6
Intention:	Entspannung
Sie brauchen:	CD mit Entspannungsmusik, ggf. Matten
Ort:	Klassenraum, Turnhalle

So geht's:

Die Kinder liegen bequem mit dem Oberkörper auf den Tischen oder in der Sporthalle auf Matten. Sie versuchen, der Geschichte zu folgen und auf eine Fantasiereise zu gehen.

So sagen Sie's:

- Now I'm going to tell you a little story.
- Just lie down comfortably, close your eyes, put your hands on your belly.
- I'm counting back from ten to zero.
- Listen and breathe in and out – in and out.
- Relax and close your eyes:

It's a warm summer day. The sun is shining.
You are lying in the warm sand.
Rub your body in the white, warm sand.
Can you feel it with your back?
Can you feel it with your arms?
Can you feel it with your legs?
Can you feel it with your head?
Listen to the waves on the beach.
Listen to the wind in the palm trees.

The sun rays are touching your body, your toes, your knees, your arms, your face, your nose, your tummy. Your tummy is warm and relaxed.
You breathe in the warm air. In and out, in and out ... now stretch your arms.
Listen again: I'm counting from one to ten: 1, 2, 3, 4, 5, 6, 7, 8, 9, 10.
Open your eyes again, feel comfortable and relaxed.

Wind the Bobbin Up
basiert auf einem traditionellen Reim

Thema:	rhyme, body parts, room
Klassenstufe:	3–6
Intention:	Entspannung
Sie brauchen:	–
Ort:	Turnhalle, Klassenraum

⟫ So geht's:
Die Kinder stellen sich bequem im Raum auf. Die Hände liegen entspannt übereinander auf dem Bauch. Während Sie den Reim langsam sprechen, führen Sie zusammen mit den Kindern die Bewegungen aus.

⟫ So sagen Sie's:

Wind the bobbin up,	(Unterarme vor dem Körper horizontal in Bauchhöhe umeinanderkreisen)
Wind the bobbin up, pull, pull.	(nach vorne greifen und abwechselnd „ein fiktives Seil" heranziehen)
Clap, clap, clap.	(vor dem Körper in die Hände klatschen und langsam einen großen Armkreis von innen nach außen formen – 3x)
Point to the ceiling.	(Arme abwechselnd nach oben strecken)
Point to the floor.	(Arme tiefziehen)
Point to the window.	(Arme abwechselnd zur Seite strecken – weit dehnen)
Point to the door.	(Arme zur Tür zeigen lassen)
Put your hands together one, two, three.	(Handflächen zusammenlegen)
Put your hands on your belly.	(Hände auf den Bauch legen)
Sit down on your knees.	(Kniesitz – tief durchatmen)

Leg Writing

Thema: beliebiger, aktueller Wortschatz
Klassenstufe: 3–6
Intention: Gleichgewichtsschulung
Sie brauchen: Bild- oder Wortkarten
Ort: Turnhalle

So geht's:

Die Kinder stehen frei im Raum. Als Handlungsimpuls setzen Sie Wortkarten ein (für schwächere Kinder) oder Bildkarten (für leistungsstärkere Kinder) und bitten die Kinder das gezeigte Wort mit Hilfe des Beines (Fußes, Knies ...) in die Luft zu malen. Wer schafft es zu schreiben ohne umzufallen?

Variante:

- Die Kinder arbeiten paarweise: Ein Kind spricht das Wort, das andere malt es in die Luft.
- Die Kinder versuchen sich zu unterhalten: Sie schreiben kleine Sätze im Dialog, z.B.: What's your name? Anja.
  How are you? Fine ...

So sagen Sie's:

- *Look at my picture cards.*
- *Can you write it with your leg/foot/knee?*
- *Please work with your partner.*
- *Can you talk to each other?*

Let's Make a Pizza

Thema:	food
Klassenstufe:	2–6
Intention:	Sensibilisierung, Entspannung, Rückenschulung
Sie brauchen:	–
Ort:	Turnhalle

 So geht's:

Sie bitten die Kinder für dieses bekannte Spiel, sich paarweise zusammenzufinden. Ein Kind legt sich entspannt auf den Bauch, Stirn auf die Handrücken gelegt, ruhig atmend. Nun beginnen Sie mit Ihrer „Rezeptbeschreibung", die der Partner durch entsprechende Berührung mit Fingern und Händen auf dem Rücken des Partners nachvollzieht.

 So sagen Sie's:

- Please work with your partner.
- One child lies down flat on his belly.
- Put your face on your arm.
- Can you tell the story on your partner's back?
- Let's make a pizza:

First we make the dough.	(Rücken kneten)
Now we roll it with the rolling pin.	(glätten mit der Handfläche)
We put tomato sauce on the dough.	(ausstreichen in alle Richtungen)
We put mushrooms on it.	(„Pilze" verteilen)
We put ham on it.	(mit der ganzen Handfläche drücken)
	(beliebig erweiterbar mit: "pineapple", "fish"...
Now we need a lot of cheese.	(Fingerspitzen tippeln über den Rücken)
And we put it into the oven.	(Hände wärmespendend auf den Rücken legen)
Open the oven again and cut the pizza into pieces.	(mit dem Handrücken schneiden)

Incey Wincey Spider

Thema: animals, weather
Klassenstufe: 1–6
Intention: Entspannung, Rückenschulung
Sie brauchen: ggf. Matten
Ort: Turnhalle, Klassenraum

 So geht's:

Dieser traditionelle Reim ist sehr populär und wird als Fingerspiel sicher vielen bekannt sein. Es eignet sich aber auch hervorragend als Grundlage für eine angenehme Rückenmassage. Sinnvoll ist es, den Reim zuvor im Unterricht eingeführt und besprochen zu haben. Da es den Reim auch in Bilderbuchform gibt, könnte man eine Sequenz "storytelling" einschieben. Die Kinder bilden Paare. Ein Kind legt sich bequem auf eine Matte (Turnhalle) oder sitzt bequem am Tisch (Klassenraum), den Oberkörper auf die Tischplatte gelegt.

 So sagen Sie's:

Incey Wincey Spider
climbed up the spout.   (Partner krabbelt über den Rücken)

Down came the raindrops   (tippt viele Regentropfen auf den Rücken)

and washed poor Incey out.   (kraftvoll mit beiden Handflächen den Rücken herunterwischen)

Out came the sunshine   (in weiten Bögen über den Rücken streichen)
and dried up all the rain.   (den Rücken abrubbeln)

So Incey Wincey Spider
climbed up that spout again.   (nochmals den Rücken hochkrabbeln)

Feelings

Thema:	adjectives of feelings (bad, fine, happy, scared, brave, nosy, sleepy (tired), surprised, angry ...)
Klassenstufe:	3–6
Intention:	Sensibilisierung, Entspannung, Rückenschulung
Sie brauchen:	–
Ort:	Turnhalle, Klassenraum

 So geht's:
Alle Kinder sitzen entspannt mit dem Rücken zu Ihnen gewandt. Sie bitten die Kinder, alle Gefühle mit Hilfe ihres Rückens auszudrücken.

 So sagen Sie's:
○ *Now tell me with your back:*
You feel happy, you feel angry, you feel sad, you feel sleepy ...
(excited, bored, scared, tired, surprised, nosy ...).

Listen to the Steps

Thema: numbers
Klassenstufe: 1–6
Intention: Konzentrations- und Wahrnehmungsschulung
Sie brauchen: –
Ort: Turnhalle

 So geht's:

Die Kinder verteilen sich paarweise im Raum. Ein Kind sitzt entspannt auf dem Boden mit dem Rücken zum Partner gewandt. Der Partner steht etwa drei Meter entfernt. Nun bewegt er sich schrittweise auf das sitzende Kind zu. Dieses versucht leise die Schritte mitzuzählen. Anschließend tauschen sich die beiden aus, ob die Schrittzahl stimmt.

 So sagen Sie's:

○ *Please work with your partner.*
○ *Listen carefully!*
○ *How many steps can you hear?*
○ *One, two, three, four, five, six, seven, … steps?*

Toe-Taking

Relaxation exercises

Thema:	things for school (oder andere Gebrauchsgegenstände)
Klassenstufe:	2–6
Intention:	Sensibilisierung, Entspannung
Sie brauchen:	kleine Gebrauchsgegenstände oder Schulsachen (Kreide, Lineal, Radiergummi, Federmappe, Filzstifte, Buntstifte ...), kleine Körbchen
Ort:	Turnhalle, Klassenraum

≫ So geht's:

Die Kinder arbeiten zu zweit oder dritt. Alle Kinder sind barfuß. Vor ihnen auf dem Boden liegen verschiedene Gegenstände. Zunächst geben Sie, später ein Gruppenmitglied, Anweisung, welcher Gegenstand mit dem Fuß aufgenommen und in ein Körbchen gelegt werden soll.

≫ So sagen Sie's:

- Please work in pairs.
- Take off your shoes and socks.
- Now take the pen with your toes and put it into the basket.
- Take the rubber.
- Take the ruler.
- Take the blue chalk.
- Take the red hanky ...
- Put it into the basket.

Der Themenkreis ist beliebig erweiterbar.

Anhang

Down by the Station

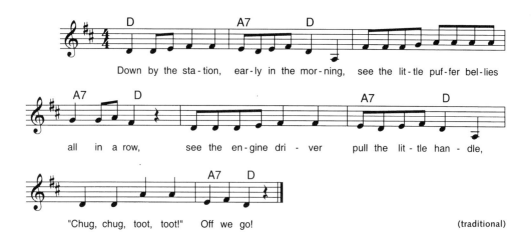

(traditional)

Round the Mulberry Bush

1) This is the way we wash our hands, wash our hands, wash our hands. This is the way we wash our hands on a cold and frosty morning.

2) This is the way we brush our hair ...
3) This is the way we clean our teeth ...
4) This is the way we put on our clothes ...

(traditional)

Oranges and Lemons

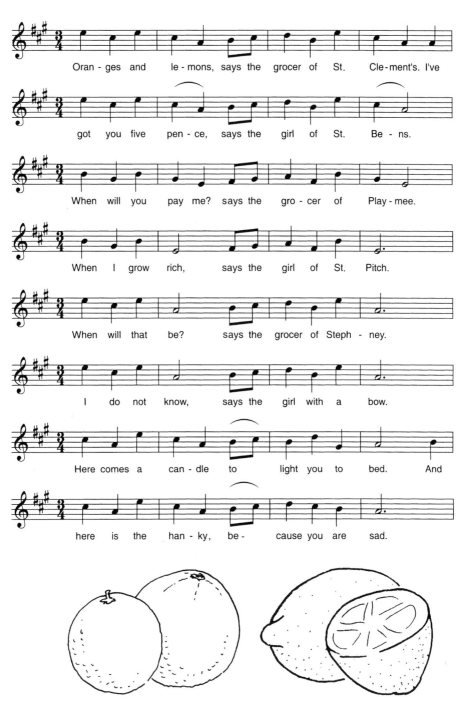

Oranges and lemons, says the grocer of St. Clement's. I've got you five pence, says the girl of St. Bens. When will you pay me? says the grocer of Play-mee. When I grow rich, says the girl of St. Pitch. When will that be? says the grocer of Stephney. I do not know, says the girl with a bow. Here comes a candle to light you to bed. And here is the hanky, because you are sad.

Melodie: traditionell
Text: Birgit Gegier (in Anlehnung an die traditionelle Version)

Looby Loo

1) Put your right hand in,
   put your right hand out.
   Let's shake, shake, shake
   and turn yourself about.

2) Put your left hand in ...
3) Put your right foot in ...
4) Put your left foot in ...
5) Put your whole self in ...

(traditional)

Three Blind Mice

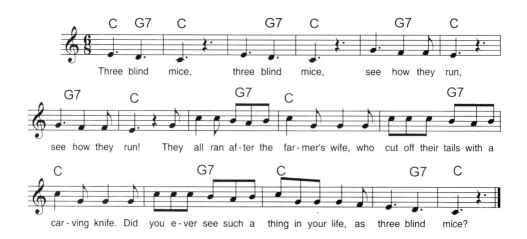

(traditional)

Satzkarten

Sleeping Beauty

There was a princess long ago.

She lived in a big castle.

A bad witch cast a spell on her.

The princess slept for a hundred years.

Thousands of roses grew around the castle.

A handsome prince came riding by on his horse.

He chopped the roses down with his sword.

He kissed the princess and she woke up.

They had a big party and everybody was happy then.

Bildkarten "Clothes"

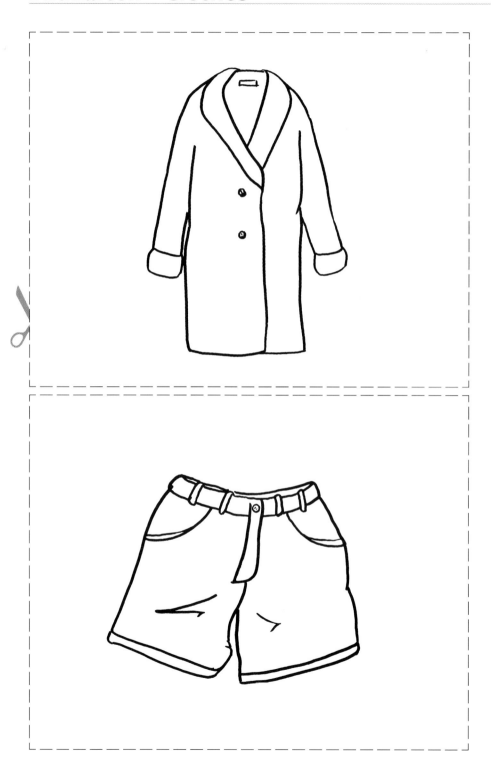

Bildkarten "Clothes"

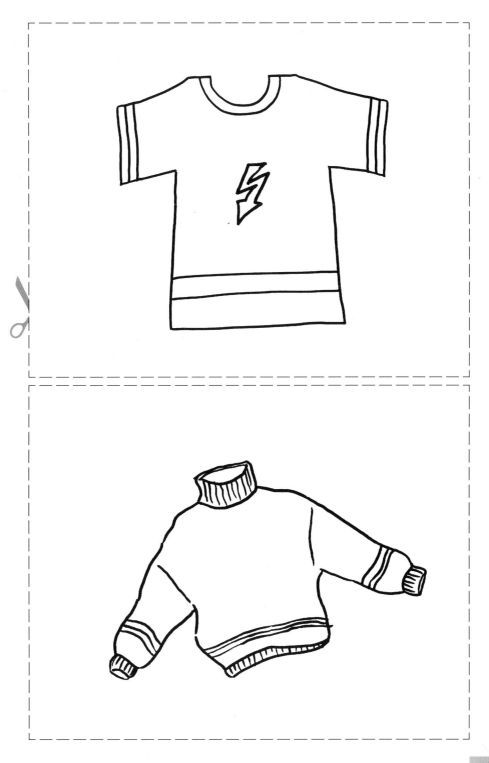

Bildkarten "Clothes"

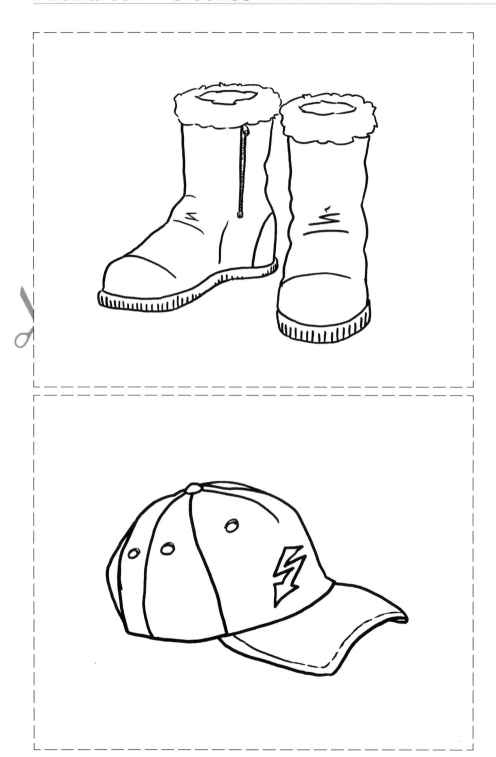

Bildkarten "Clothes"

Bildkarten "Clothes"

Bildkarten "Clothes"

Bildkarten "Clothes"

Bildkarten "Furniture"

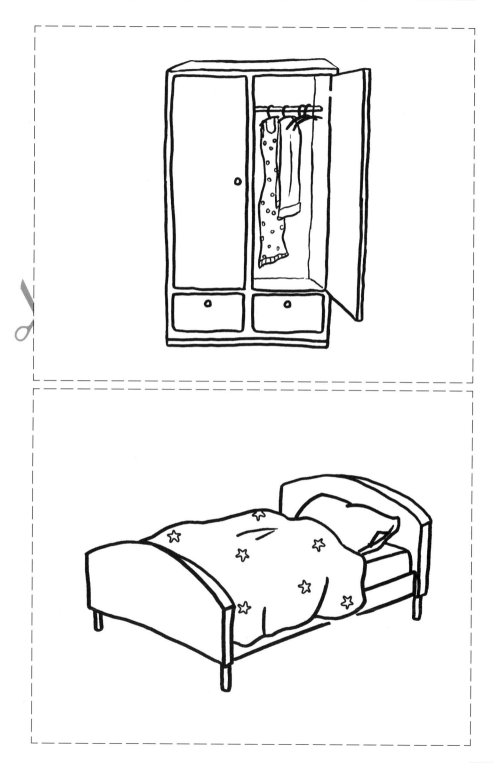

Bildkarten "Furniture"

Bildkarten "Furniture"

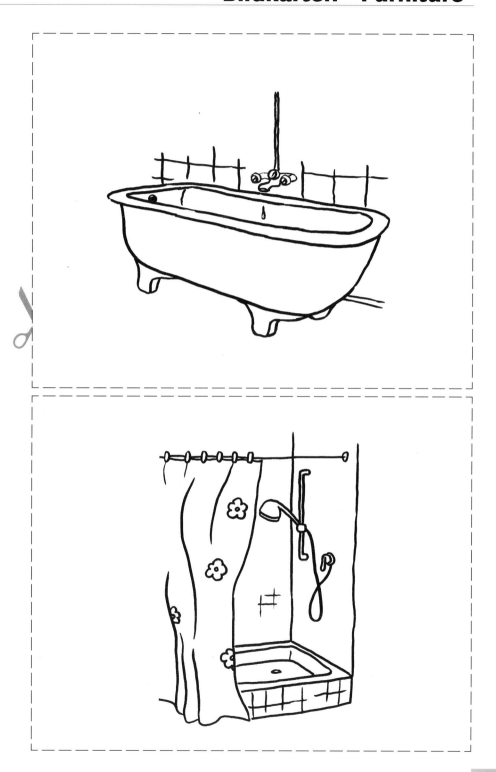

Bildkarten "Furniture"

Bildkarten "Furniture"

Bildkarten "Furniture"

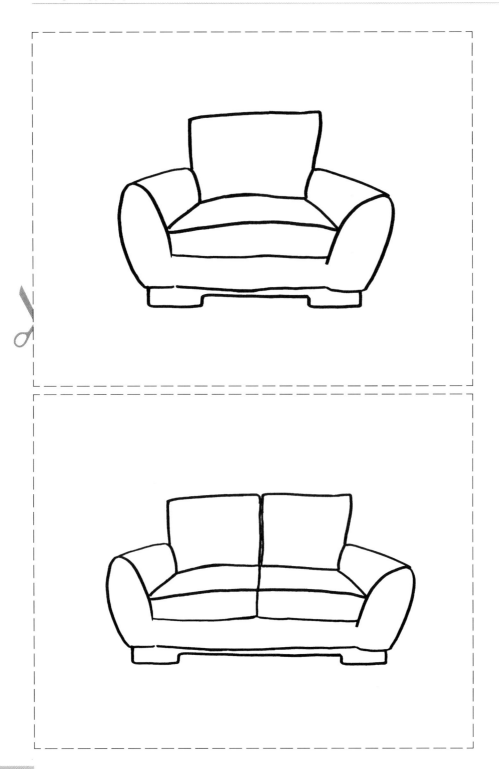

Bildkarten "Furniture"

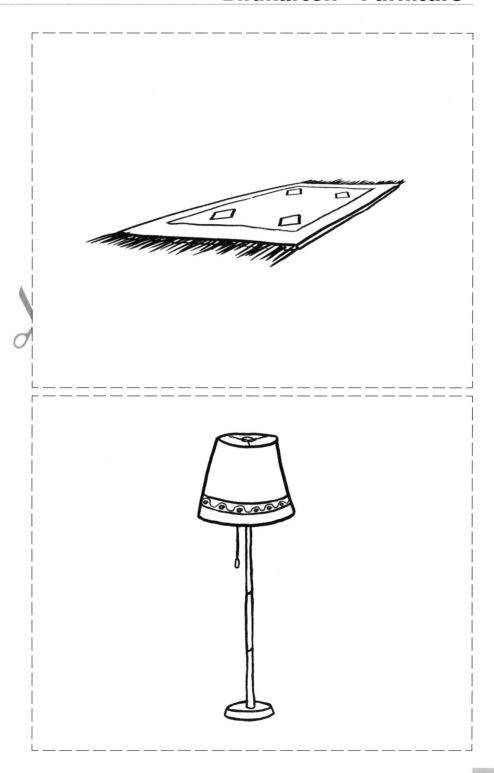

81

Bildkarten "Animals"

Bildkarten "Animals"

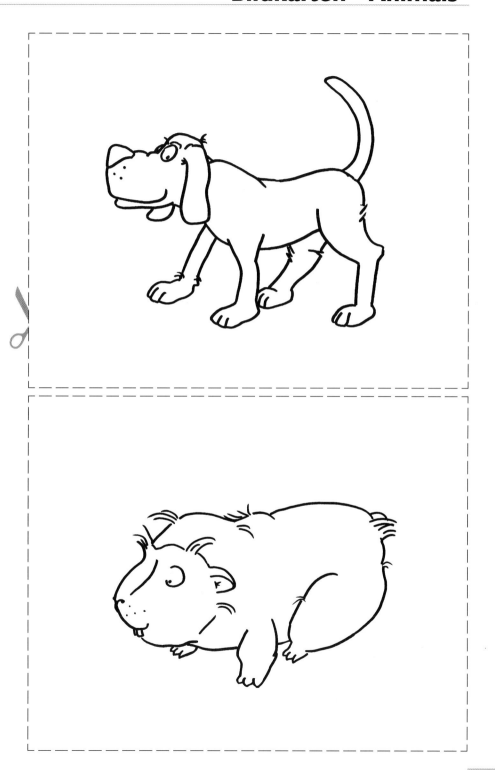

Bildkarten "Animals"

Bildkarten "Animals"

85

Bildkarten "Animals"

Bildkarten "Animals"

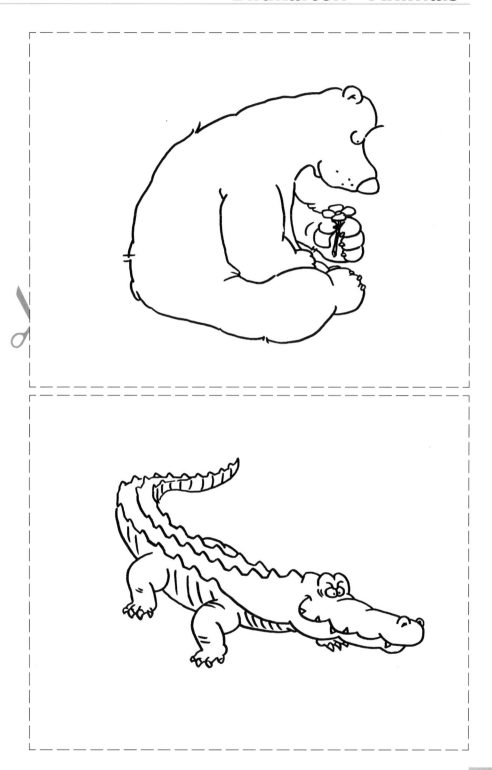

Bildkarten "Animals"

Bildkarten "Animals"

Bildkarten "Animals"

Bildkarten "Things for School"

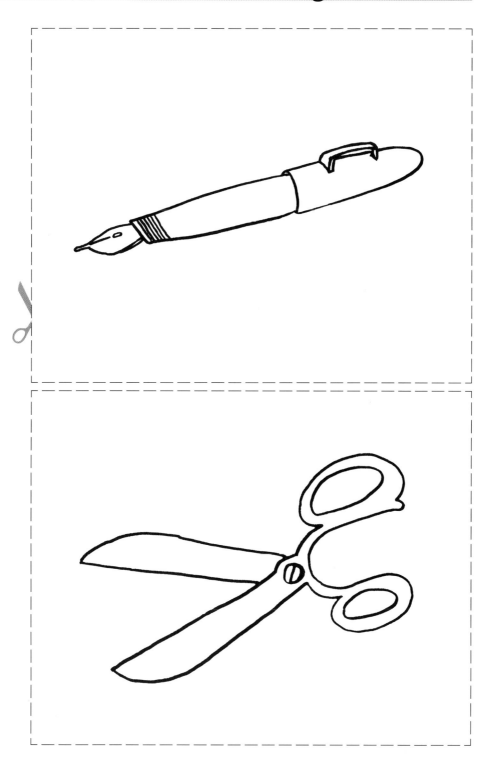

Bildkarten "Things for School"

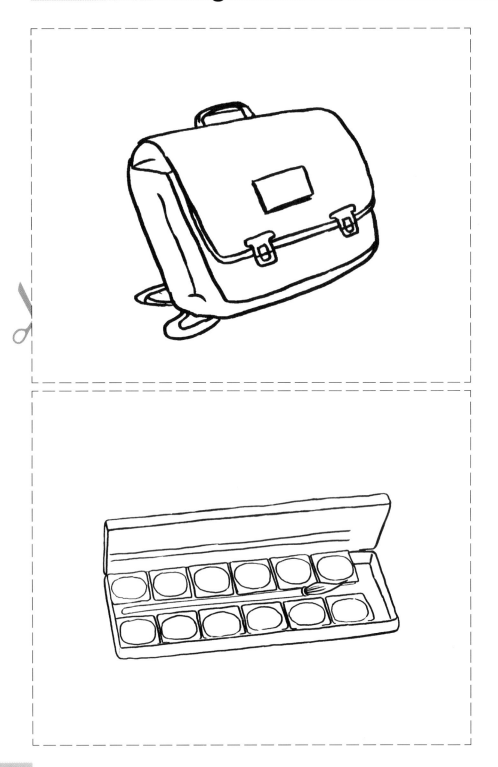

Bildkarten "Things for School"

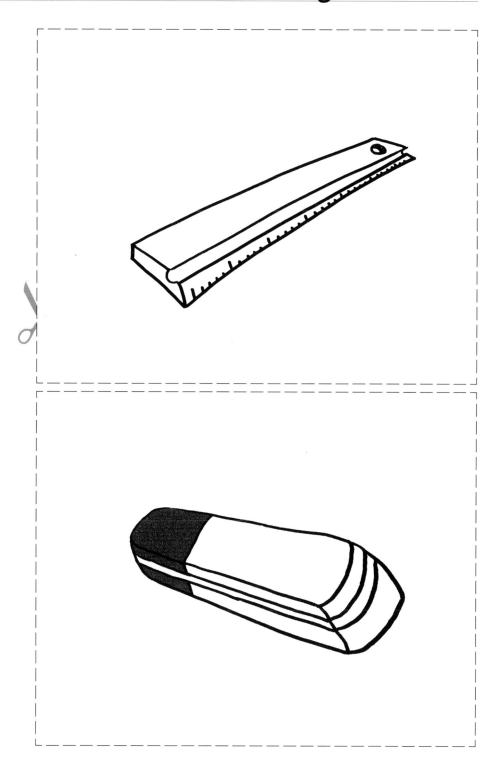

Bildkarten "Things for School"

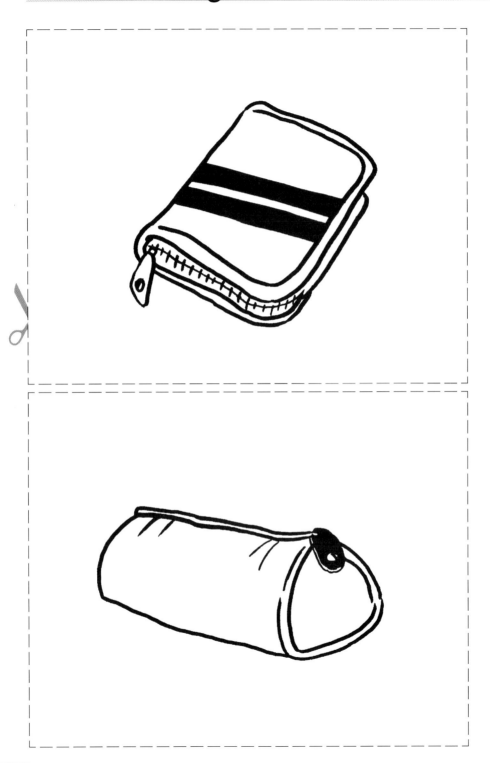

Bildkarten "Things for School"

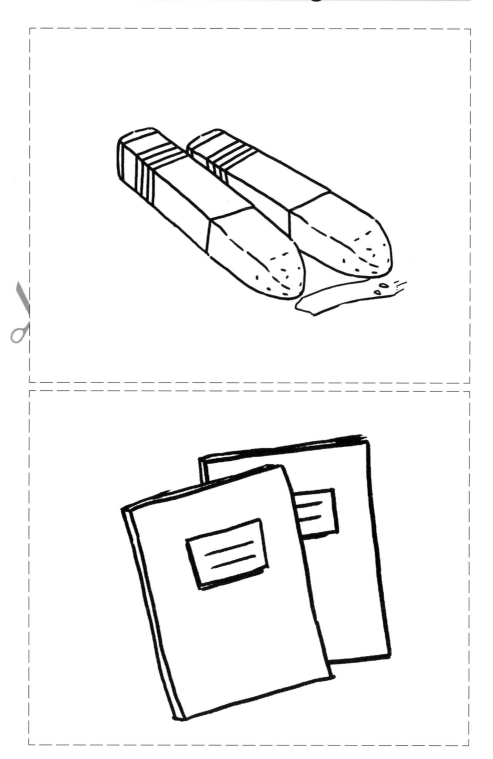

Bildkarten "Things for School"

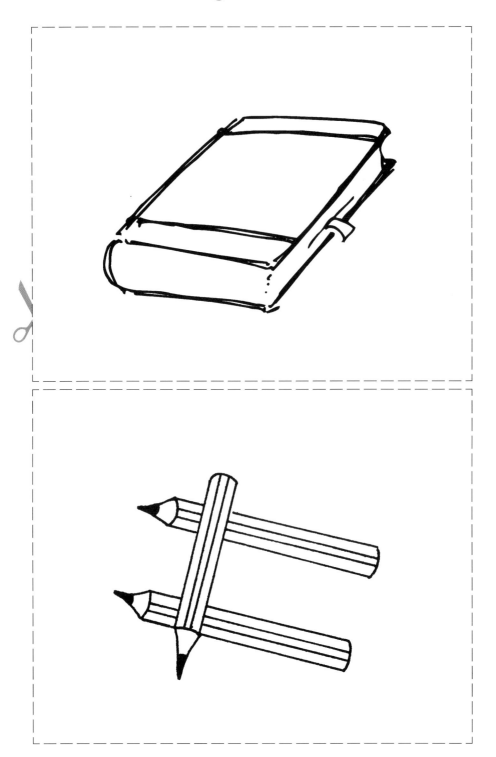

Wörterlisten für die Wortkarten

"Animals"

on the farm	Auf dem Bauernhof
a dog	Hund
a cat	Katze
a rabbit	Kaninchen
a cow	Kuh
a horse	Pferd
a pig	Schwein
a sheep	Schaf
a hen	Huhn
a duck	Ente
a mouse	Maus
a rat	Ratte

in the garden	Im Garten
a snake	Schnecke
a spider	Spinne
a frog	Frosch
a beetle	Käfer
a lady bird	Marienkäfer

at the zoo	Im Zoo
a polar bear	Eisbär
a bear	Bär
a llama	Lama
a camel	Kamel
a giraffe	Giraffe
a crocodile	Krokodil
a flamingo	Flamingo
a hippo	Nilpferd
an elephant	Elefant
a monkey	Affe
a kangaroo	Känguru
a zebra	Zebra
a lion	Löwe
a tiger	Tiger
a penguin	Pinguin
a seal	Seehund
a rhino	Nashorn

Wörterlisten für die Wortkarten

in the petshop	**In der Tierhandlung**
guinea pig	Meerschweinchen
a bird	Vogel
a parrot	Papagei
a fish	Fisch

"Furniture"

in the living room	**Im Wohnzimmer**
a sofa	Sofa
an armchair	Sessel
a shelf	Regal
a carpet	Teppich
a fire place	Kamin
in the bedroom	**Im Schlafzimmer**
a bed	Bett
a cupboard	Schrank
a lamp	Lampe
in the bathroom	**Im Badezimmer**
a bath	Badewanne
a shower	Dusche
a toilet	Toilette
a mirror	Spiegel
in the kitchen	**In der Küche**
a chair	Stuhl
a table	(Ess)tisch
a cooker	Herd
a fridge	Kühlschrank

"Things for School!"

a book	Buch
a pencil	Stift
a felt tip	Filzstift
a school bag	Tornister
a ruler	Lineal
a rubber	Radiergummi

Wörterlisten für die Wortkarten

a pencil case	Federmappe
a sharpener	Anspitzer
a pair of scissors	Schere
a biro	Ordner
an exercise book	Übungsheft
a chalk	Kreide
a desk	Tisch
a folder	Schnellhefter
a board	Tafel

"Clothes"

a blouse	Bluse
a pair of trousers	Hose
a skirt	Rock
a dress	Kleid
a cap	Schirmmütze
a scarf	Schal
a coat	Mantel
mittens	Fausthandschuhe
a T-shirt	T-Shirt
a pullover	Pullover
boots	Stiefel
shorts	Shorts
shoes	Schuhe
jeans	Jeanshose
an anorak	Jacke

"Body Parts"

show me (your) ...	Zeige mir (dein/e)...
touch (your) ...	Berühre (dein/e) ...
eyes	Augen
ears	Ohren
nose	Nase
mouth	Mund
shoulder	Schultern
arm	Arm
hand	Hand
finger	Finger

Wörterlisten für die Wortkarten

	knee	Knie
	head	Kopf
	leg	Bein
	foot/feet	Fuß/Füße
	tummy	Bauch
	elbow	Ellenbogen
	toes	Zehen
"Adjectives"	big	groß
	small	klein
	soft	weich
	hard	hart
	long	lang
	short	kurz
	round	rund
	heavy	schwer
	light	leicht
"Food"	an apple	Apfel
	a banana	Banane
	a kiwi	Kiwi
	an orange	Orange
	a lemon	Zitrone
	a plum	Pflaume
	a pear	Birne
	a carrot	Mohrrübe
	a potato	Kartoffel
	a tomato	Tomate
	a strawberry	Erdbeere
	a peach	Pfirsich
	bread	Brot
	a cake	Kuchen
	a roll	Brötchen
	a doughnut	Doughnut
	meat	Fleisch
	sausage	Würstchen

Wörterlisten für die Wortkarten

ham	Schinken
an egg/eggs	Ei/Eier
cheese	Käse
orange juice	Orangensaft
flour	Mehl
butter	Butter
milk	Milch
cream	Sahne
ketchup	Ketschup
jam	Marmelade

"Activities"

to run	laufen
to jump	springen
to skip	hopsen/hüpfen
to climb	klettern
to catch	fangen
to throw	werfen
to creep	kriechen/schleichen
to crawl	krabbeln/kriechen
to swim	schwimmen
to dance	tanzen
to bend	sich vorbeugen/beugen
to stand	stehen
to stretch	sich recken/dehnen
to walk	gehen
to sit	sitzen
to shake	(aus)schütteln
to lift	heben
to swing	schaukeln/schwingen
to roll	rollen
to clap	klatschen

Literatur- und Internettipps

Literatur

Cony, Frances/Smyth, Iain:
Incey Wincey Spider.
Orchard Books, 2000
ISBN 184121423-X

Dunn, Sonja:
Kids' Corner. **Primary Rhymery.**
Eine Kartei englischer Gedichte
für den Kinderalltag. 5–10 J.
Verlag an der Ruhr, 2000.
ISBN 3-86072-588-2

Fink, Christine:
Kids' Corner. **At School.**
Eine Englisch-Werkstatt. 8–11 J.
Verlag an der Ruhr, 2002.
ISBN 3-86072-714-1

Meier, Jörg:
Kids' Corner. **Easy English Songs.**
Traditionals zum Mitsingen mit Arbeitsblättern, Texten und Noten. 4–99 J.
Verlag an der Ruhr, 2002.
ISBN 3-86072-675-7

Möller, Nicole:
Das Rollbrett. Eine Kartei mit Übungen und Spielen. 6–10 J.
Verlag an der Ruhr, 2003.
ISBN 3-86072-812-1

Newton, P./Jordan, E./Speight, D./Richardson, L.: Sport und Bewegung – Eine Kartei. **Erste Motorik- und Koordinationsübungen.** 4–8 J.
Verlag an der Ruhr, 2002.
ISBN 3-86072-689-7

Piel, Alexandra:
Sprache(n) lernen mit Methode.
170 Sprachspiele für den Deutsch- und Fremdsprachenunterricht. Alle Altersstufen.
Verlag an der Ruhr, 2002.
ISBN 3-86072-740-0

Sernett, Liza:
Kids' Corner. **A Bit of Everything.**
Arbeitsblätter und Spielvorlagen für den englischen Anfangsunterricht. 6–10 J.
Verlag an der Ruhr, 2003.
ISBN 3-86072-715-X

Colour Land (Lehrwerk Reihe Englisch)
Picture cards (Kl. 1) ISBN 3-12-586614-6
(Kl. 2) ISBN 3-12-586714-2
Story cards (Kl. 1) ISBN 3-12-586615-4
(Kl. 2) ISBN 3-12-586715-0
Flash cards (Kl. 3) ISBN 3-12-586814-9
Ernst Klett Verlag GmbH, 2002–2004.

Internet

http://abcteach.com
Materialien für Lehrer und Schüler, u.a. zu den Themen Animals, Holidays, Sports etc.

www.eslkidstuff.com
Arbeitsblätter, Leselernkarten, Spiele, Ideen usw. für Englischlehrer.

www.bbc.co.uk/education/numbertime
Spiele, Lieder und Arbeitsblätter von BBC Online mit Empfehlungen für den Unterricht in der Rubrik "Teachers & Parents".

www.lernnetz-sh.de/fg/material.html
Spielideen für den Englischunterricht in der Grundschule, einige Reime und Lieder.

www.littleexplorers.com
Englisch-Wörterbuch mit Bildern.

www.learn-line.nrw.de
Hier finden Sie unter dem Stichwort "Total Physical Response" nähere Infos zum Thema.

Verlag an der Ruhr
www.verlagruhr.de

Kids' Corner
55 Five-Minute-Games
Sprachspiele für den Englischunterricht
Christine Fink
Kl. 1–6, 71 S., A5, Pb.
ISBN 3-86072-680-3
Best.-Nr. 2680
7,– € (D)
7,20 € (A)/12,60 CHF

Kids' Corner
A bit of Everything
Arbeitsblätter und Spielvorlagen für den englischen Anfangsunterricht
Liza Sernett
Kl. 1–4, 121 S., A4, Pb.
ISBN 3-86072-715-X
Best.-Nr. 2715
19,60 € (D)
20,15 € (A)/34,30 CHF

aktiv Englisch lernen

Kids' Corner
66 Six-Minute-ABC-Activities
Arbeitsblätter und Aktivitäten für den Englischunterricht
Christine Fink
Kl. 3–6, 89 S., A4, Pb.
ISBN 3-86072-826-1
Best.-Nr. 2826
15,– € (D)
15,45 € (A)/26,30 CHF

Kids' Corner
Easy English Songs
Traditionals zum Mitsingen mit Arbeitsblättern, Texten und Noten
Jörg Meier
Für alle Altersstufen,
62 S., A4, Broschüre + CD
ISBN 3-86072-675-7
Best.-Nr. 2675
20,– € (D)
20,50 € (A)/35,– CHF

Verlag an der Ruhr — Bücher für die pädagogische Praxis
Postfach 102251 • D–45422 Mülheim an der Ruhr
Tel.: 0208/495040 • Fax: 0208/4950495
E-Mail: info@verlagruhr.de

Verlag an der Ruhr
www.verlagruhr.de

Sport und Bewegung – Eine Kartei
Erste Improvisations- und Tanzübungen
Elaine Jordan, Philip Newton, Lynda Richardson, Deborah Speight
4–8 J., 68 S., A5,
Kartei-Karten beidseitig bedruckt
ISBN 3-86072-824-5
Best.-Nr. 2824
19,80 € (D) 20,35 € (A)/34,70 CHF

Bewegen und Entspannen nach Musik
Rhythmisierungen, Bewegung und Ausgleich in Kindergarten und Unterricht

Ralph Schneider, Monika Schneider, Dorothee Wolters

3–10 J., 55 S., 21 x 22 cm,
Pb. mit CD ISBN 3-86072-150-X
Best.-Nr. 2150
20,40 € (D)
21,– € (A)/35,70 CHF

bewegen   spielen   Entspannung

10-Minuten-Training – Lernspiele für viele
Deutsch – Mathematik – Sachunterricht

Marilyn Evans
Kl. 1–3, 157 S., 16 x 23 cm, Pb.
ISBN 3-86072-888-1
Best.-Nr. 2888
14,50 € (D)
14,90 € (A)/25,40 CHF

Qigong in der Schule
Entspannung, Konzentration und Ruhe

Nils Altner, Reinhard Brunner

8–12 J., 95 S., 21 x 22 cm, Pb.
ISBN 3-86072-872-5
Best.-Nr. 2872
18,50 € (D)
19,– € (A)/32,40 CHF

Verlag an der Ruhr   Bücher für die pädagogische Praxis
Postfach 10 22 51 • D–45422 Mülheim an der Ruhr
Tel.: 0208/49 50 40 • Fax: 0208/495 04 95
E-Mail: info@verlagruhr.de